性犯罪者の頭の中

鈴木伸元

書
346

はじめに

10件以上の性犯罪を繰り返したA受刑者は、30年の懲役刑を受け、刑務所で服役中である。残忍な犯行は、逮捕時に大きく報道された。

そんなA受刑者に、筆者は「なぜそこまで性犯罪を繰り返したのか」と質問した。

すると、こんな答えが返ってきた。

「自分の体と頭脳をフルに活用して犯行を計画していく過程は、ゲームに通ずる感覚かもしれません。あらゆる手掛かりを探り、様々なケースを推察・想定したり、環境を十分に把握してシミュレーションしたりして、自分の能力を使って犯行の絵を描いていくわけです」

そして彼は、犯行の際の心理はこのようなものだったと言って、村上春樹のベストセラ

―小説『ノルウェイの森』（講談社）の中の次のセリフを引用してきた（以下、同作品より一部引用）。

「可能性がまわりに充ちているときに、それをやりすごして通りすぎるというのは大変にむつかしいことなんだ。水道の蛇口をひねって水を飲むのと同じくらい簡単なことなんだ。それをみすみすやりすごせるか？　自分に能力があって、その能力を発揮できる場があって、お前は黙って通りすぎるかい？」

これは、女の子をナンパして回っている大学生が、主人公から「なんでそんなに、ナンパに一生懸命なのか」と聞かれて答える場面のセリフである。

A受刑者は、「あくまでも〝逮捕されない〟という枠を設けた上で、自分の欲望を満たす」ための犯行であり、この大学生のセリフのように、「可能性がまわりに充ちていて」「水道の蛇口をひねって水を飲むのと同じくらい簡単なこと」だったと言うのだ。

さらに、犯行を重ねていくうちに、その思いは強まっていったという。手紙には次のような言葉が連なっていた。

「様々なケーススタディにより、人の行動や生活様式が読めてきたり、自分の行動が効率化・ブラッシュアップされたりしていくのです」

「ロールプレイングゲームにおいて情報収集をし、フラグを立てて、目的を攻略していく過程に似ているように思います。犯行がエスカレートしていくにつれて〝経験値〟が増え、自分が〝レベルアップ〟していく感覚がありました」

一般的に性犯罪は、「性的欲求」の問題だと考えられている。しかし、A受刑者の告白が含んでいるものは、それだけではない。それが本書の出発点である。

性犯罪に対する誤解は多い。

読者の中には、子どもを狙った性犯罪をするのは「小児性愛者」であり、「見た目からして気持ちの悪い人・変な人」というイメージをおもちの方も多いだろう。

もちろん、そうした事件もある。だが筆者が今回取材を通して会った、子どもを狙った性犯罪者たちの印象は全く違う。むしろ、小ざっぱりとした恰好をしており、ごく普通に働いて社会人としての生活を営んでおり（結婚をしている場合も多い）、会話も極めて普通のやりとりが成り立つ。何も知らなければ、とてもそんな性犯罪を重ねているとは思えないような人物ばかりだった。

〝性犯罪者〟という言葉がもつイメージと、実際の性犯罪者の実像との間には、大きなギャップがあるのだ。

平成24年の1年間に警察が認知した強姦は1240件、強制わいせつは7263件に及ぶ。過去5年間でこれらの被害の届け出比率は、13・3パーセントとされており、実際の被害は10倍近いともいわれている。この他にも未遂事件や、事件化せずに闇に葬《ほうむ》られている性犯罪を含めれば、膨大な数の被害者が日々生み出されている。

性犯罪の暴力性は、〝魂の殺人〟ともいわれる。文字通り被害者の魂を殺してしまうのだ。なぜ性犯罪者たちは、残虐な犯行に及ぶのか。

ある矯正《きょうせい》関係者は、性犯罪者は十人十色だとしながらも、「昼は普通に仕事をしていて、夜は全くの別人になりたい、と思っているケースが少なくない」と語った。「表の顔」と「裏の顔」を併せもつことで、自分の居場所を確保し、そのことによって、次の犯行へ、さらに次の犯行へと、性犯罪を重ねていってしまうという。

一体彼らはどんな人物なのか。何を考えているのか。

性犯罪の加害者の実態は、自分とは「縁遠い世界」と思われる方も多いかもしれない。

また、本書にある性犯罪者の告白には、腹立たしい内容が多いに違いない。

だが、実態を知ることの意義は大きいはずだ。

性犯罪者の行動や思考のパターンを理解することで、どうすれば自分の身を守り、家族や友人や大切な人を守れるのか。そして、どうすれば再犯を防ぐことができるのか。

本書がそれを考えるきっかけになるのではないかと信じている。

性犯罪者の頭の中／目次

図版　美創

第1章
性犯罪で「スキルアップ」

性犯罪者からの手紙

5枚の便せんが、几帳面《きちょうめん》な字でびっしりと埋まっていた。

A受刑者から最初に届いた手紙は、次のような一文で始まっていた。当時、A受刑者はまだ裁判中だった。

「私は取り返しのつかない罪を犯してしまい、現在、某拘置所に拘禁されています。正に加害者であり、その内容は極めて重いもので大勢の方を苦しめて、甚大な被害を与えてしまいました」

最初の手紙では、特に自分の罪状について触れる部分はなかった。重い罪を犯したと書かれているだけで、それ以上詳しい内容は書かれていなかった。この時点では、A受刑者が「性犯罪者」だと想像もしていなかった。

手紙は、筆者が2010年に書いた『加害者家族』(幻冬舎新書)に対する感想が大半だった。手紙を読みながら、刑務所に入ってようやく、自分が犯した罪の重大さに気づいたA

受刑者の後悔の思いが伝わってきた。もちろん、被害者に対する思いもつづられていたが、筆者への手紙ということもあって、自分の犯罪が家族を追い詰めてしまったことに対する思いに多くの紙面が割かれていた。

「以前、母との面会を終えたとき、立ち会っていた刑務官の方が母に対して『遠い所からわざわざありがとうございました』と慇懃《いんぎん》に頭を下げてくれ、そのとき私に『外にいる家族のほうが中にいる者よりもずっと辛いんだから、きちんとお礼を言って、手紙を書いて気持ちを伝えなさいね』と言ってくれたことがありました。突然のことで、思わず私はその場で落涙してしまいま

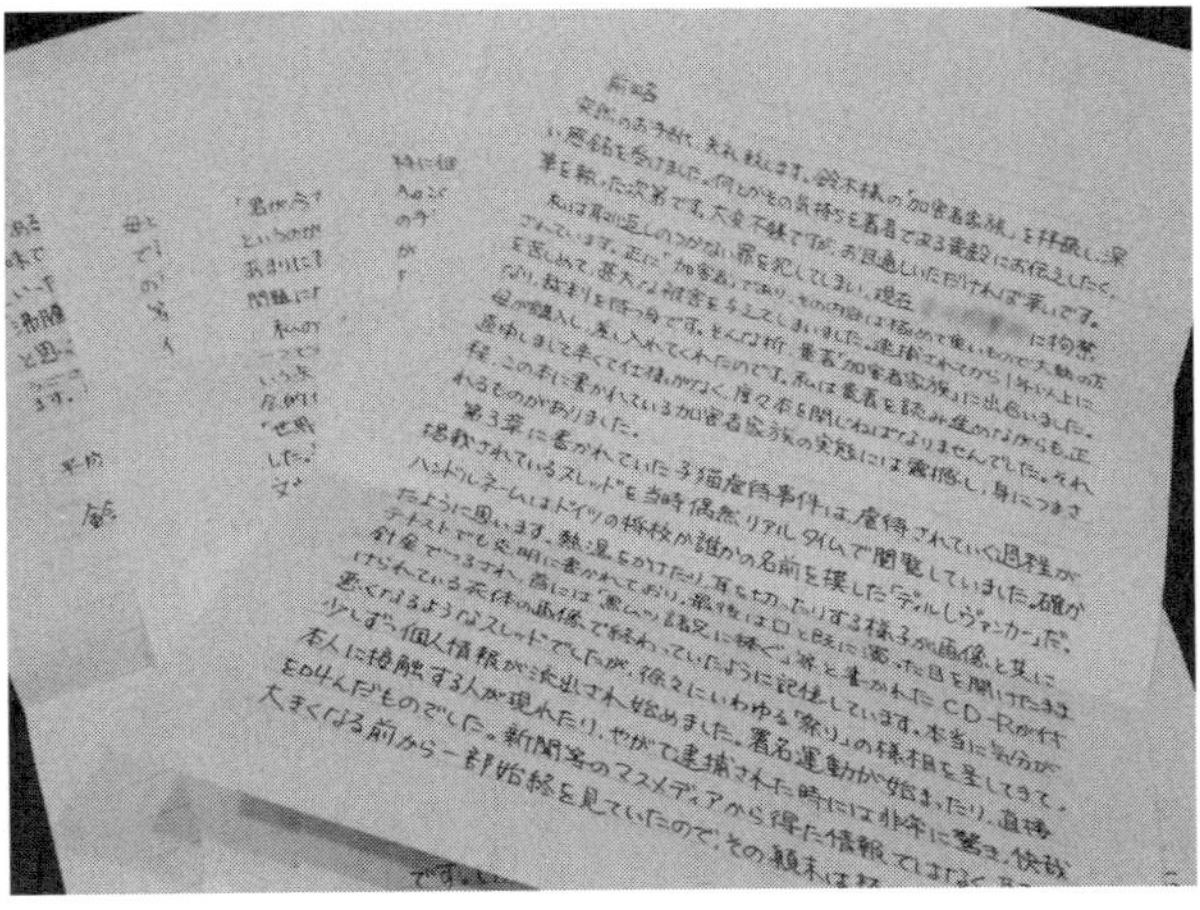

した」

A受刑者の逮捕後、実家などには、脅迫の手紙や電話が相次いだという。さらに、A受刑者の手紙にはところどころ「被害者の方々」という言葉が使われ、被害者が複数いることが示唆されていた。世間的にも騒ぎとなった、それなりの事件であったことがうかがえた。

A受刑者は、一体どんな犯罪をしたのか。インターネットでA受刑者の名前を入力し、検索してみた。

すると、大量のニュース記事やそれに対するブログのコメントなどがヒットした。A受刑者は、少女などに対して10件以上の性犯罪を繰り返していたのだ。それらの事件について書いてあるブログには、A受刑者を非難する言葉があふれていた。

筆者は、几帳面な字で、理路整然と書かれた手紙の内容と、「性犯罪」という罪状とのギャップに驚いた。手紙の文面から推測してかなり知的レベルの高い人物だと思われるA受刑者が、10件以上もの性犯罪を繰り返していたとは、想像できなかった。

一体このギャップは何なのか？　筆者は、手紙を通じてA受刑者に質問をすることにした。

「あなたはなぜ性犯罪を繰り返したのか、そのときのことを詳しく教えてほしい。時間がかかると思うが、手紙のやりとりを通して、取材をさせてもらいたい」

A受刑者からの返事はすぐに届いた。そこには「性犯罪」に対するイメージをくつがえす言葉がつづられていた。

「性犯罪はゲームのような感覚だった」

10件以上の性犯罪を繰り返していたA受刑者の犯行内容や人物像については、逮捕当時、新聞やテレビ、週刊誌などで大きく報道されていた。

当時の記事を見ると、犯行の相手は、小学生、中学生、高校生、成人と幅広い。ときには、狙いをつけた女性を何カ月もつけ回して犯行の機会をうかがったり、狙った女児の家のポストを物色して生活パターンを探ったり、犯行の様子をビデオに収めて被害者に対して「映像をばらすぞ」と言って脅したりと、その内容は卑劣極まりなかった。

筆者は当初、手紙の文面から、知的レベルの高い、穏やかな性格の人物ではないかと推測していた。そのギャップに気味の悪さを感じている最中に、A受刑者から次のような返事が届いた。

10件以上もの性犯罪を繰り返したのは、一体なぜなのかという質問に対しての回答である。

「自分の身体と頭脳をフルに活用して犯行を計画していく過程は、ゲームに通ずる感覚かもしれません。あらゆる手掛かりを探り、様々なケースを推察・想定したり、環境を十分に把握してシミュレーションしたりして、自分の能力を使って犯行の絵を描いていくわけです」

「犯行の絵の描き方」とはどのようなものなのか。A受刑者は、手紙の中で具体的に記述している。それは、犯行を行いやすく、また逃げやすい服装はどのようなものか、自分の走る速さや持久力を考えてどこに逃げ道を確保しておけばいいのか、被害者の隣の家にはどのような人物が住んでいて、被害者宅とどんな交流があるのか、などを事前に調べたり考えたりする、ということであった。

A受刑者は、緻密な準備をした上で犯行を次々と実行に移していくプロセスは、「ロー

ルプレイングゲームをしている感覚だった」と手紙に書いてきた。「はじめに」で触れたように、

「こうした作業は、ロールプレイングゲームにおいて情報収集をし、フラグを立てて、目的を攻略していく過程に似ているように思います。犯行がエスカレートしていくにつれて〝経験値〟が増え、自分が〝レベルアップ〟していく感覚がありました」

というのだ。

ロールプレイングゲームとは、それぞれのプレーヤーが、割り当てられた役（キャラクター）を操作しながら、敵との戦闘などの難題や試練を乗り越えていくというゲームである。〝経験値〟というのは、ロールプレイングゲームの中のキャラクターが試練を乗り越えながら成長していく度合いを、数値（ポイント）などで表したものだ。

つまり、A受刑者は犯行を重ねるなかで、自分の能力が目に見える形で高まっていくという感覚に陥り、そこに喜びを感じ、さらにまた次の犯行へと向かっていったというのだ。

性犯罪をロールプレイングゲームにたとえて説明しようとするA受刑者の言葉に、筆者

はとまどい驚いたが、それはその後も文通を続けていくなかで、さらに深まっていった。

「逮捕されないようリスク管理は徹底していた」

A受刑者が「ロールプレイングゲーム」という言葉を使って度重なる性犯罪を説明してきたことについて、当初、筆者は少し勘違いをしていた。

犯罪報道では、加害者は〝スリルを楽しんでいた〟というような表現がよく使われる。成功するか、しないかのぎりぎりのところで犯行を実行し、その〝スリル〟を楽しむというものだ。万引きや少年犯罪などの報道で、そうした表現を目にすることが多い。筆者はA受刑者の「ロールプレイングゲーム」という言葉から、こうした〝スリルを味わう〟という感覚があったのではないかと想起した。

だが、A受刑者からは、180度逆方向ともいえる説明が返ってきた。

「いかに自分の犯行だとばれないようにするか、逮捕されないか、というリスクマネジメントを行い、リスクを下げるために腐心してきたのであって、チキンランのようにどこまでいけるかというスリルそのものを楽しんでいるわけではありません」

性犯罪は、〝リスクマネジメント〟、つまり「危機管理」に基づいて行っていたというのである。

冷静に自分をとりまく状況を見極め、「大丈夫だ」と思われる範囲で犯行をしていたのであって、「大丈夫か大丈夫でないか、ぎりぎりのところ」をすり抜けるようなスリルを求めていたのではないという。

手紙は淡々と続いていた。

「あくまでも〝逮捕されない〟という枠を設けた上で、自分の欲望を満たすのであって、枠のぎりぎりを試したり、その外側に行くことを楽しむわけではないということです。私の言わんとすることをご理解いただけるでしょうか」

言葉や理屈の上では、A受刑者が言っていることは理解できた。しかし、「性犯罪」の加害者がそんな心理で犯行を繰り返していたということについては、どうしてもしっくりこなかった。知的レベルも高く、自分を冷静に分析する能力ももっている人物が、なぜ残忍な犯行を繰り返すまでになったのか。

A受刑者は、犯行当時の自分の心理については細かに分析していたが、その点について尋ねると、自分でもまだよくわからないという答えが返ってきた。それでも文面からは、自分についての洞察をさらに深めようとしている様子がうかがえた。

「まだまだ自分のことについて、完全に体系化して考えることができておらず、これから自己分析をしていかなくてはなりません。特に、自分の性質、生い立ちに凶悪犯になる蓋然性《がいぜんせい》があったのかどうか、あったとすればその因子は何だったのか。それがほとんどわかっていません。もし私の事件がケーススタディとして役立つのであれば、そういった面なのではないでしょうか」

自分を相対化し、それを言葉にすることができるA受刑者。一方で、10件以上にも及ぶ性犯罪の数々。A受刑者はどのような人物で、どのような人生を歩んできたのか、そして、どのようにして犯行を繰り返すようになっていったのか、さらに詳しく見ていきたい。

高学歴だった性犯罪者

A受刑者から受け取る手紙は、いつもこんな書き出しから始まる。

「拝啓　東京は例年よりやや遅めながらソメイヨシノの開花宣言がなされたようですね。昨年は窓の隙間から桜の木が見えたのですが、今年は目にすることができず残念に思っています。貴殿におかれましてはどちらの桜をご覧になっているのでしょうか。きっと思いもよらない場所で観桜していることでしょう」

「拝啓　沖縄地方では早々に梅雨が明け、夏の足音が聞こえてきた今日この頃ですが、こちらでは涼しい日が続いております。シャツのみで過ごしてよい、扇風機の使用等といった〝盛夏処遇〟も今のところは恩恵にあずかっておりません」

「拝啓　年賀状の受付が開始し、年の瀬も押し迫ってきました。街はイルミネーションに彩られ、クリスマスムード一色になっていることでしょう」

それらの文章は、その季節ならではの情景が脳裏に浮かぶように書かれている。他にもこうした書き出しはいくつもあるのだが、ここに長々と引用をしたのは、A受刑者の人となりを読者に知ってもらいたいという理由からである。

A受刑者は関東地方の中高一貫の某有名私立高校の出身である。難関の入試を突破しなければ入学できない有名校である。サラリーマンの父親のもとに長男として生を受けたA受刑者は、真面目に勉強をし、親からの期待を一身に背負って中学受験の修羅場をくぐりぬけたのだ。

中高一貫校では運動部に所属し、キャプテンまで務めている。そしてA受刑者は、首都圏の大学へ現役合格を果たす。そこでも体育会系の部に所属し、文武両道の学生生活を過ごしていた。

事件発覚後、ネット上には、A受刑者の高校生活や大学生活に関する情報があふれた。曰く「Aは、あの頃こんな生活をしていた」「当時から性犯罪の萌芽があった」等々。そのほとんどは真実ではない、というのが筆者の取材実感である。

手紙のやりとりの中でも、この時期についての言及は比較的少ない。A受刑者にとって事件に結びつくような出来事は、ほとんどなかったのだと思われる。

学生生活を謳歌《おうか》したA受刑者は、順当に4年で卒業し、外資系企業に就職する。人生が大きく暗転するとも知らずに。

「どうせ死ぬならなんでもやってやる」

「私の人生は、社会人になるまでは万事順風満帆とまではいかずとも、それなりに要領よくなんとかやっていました。また、社会人としてやっていける自信もありましたし、サラリーマンという職業はたいしたことはないだろうという見通しの甘さ、見くびりもありました」

大学卒業後、外資系企業で働き始めたA受刑者は、「仕事」という大きな壁にぶつかることになる。

勤務先では小さなグループ単位で業務を行うことが多かったが、A受刑者は、先輩との人間関係がうまくいかなかった。「書類の作り方がおかしい」「プレゼンの仕方がおかしい」といった叱責を絶えず受けるようになったのだ。

A受刑者としては、中高一貫校から大学に進んだというプライドもあり、自分は「もっとできるはずだ」という自負があった。

しかし、学生時代までのそうした経験は、みごとに崩されてしまった。家庭や学校という閉鎖的な空間の中で大切に育てられてきた若者が、社会人となり、営業成績や給料といった数値で測られる競争世界に飛び込んだとき、そのギャップに悩まされるケースは少なくない。Ａ受刑者もまた、就職という環境の変化に試練を与えられた一人だった。

多くの場合、人はそのギャップを少しずつ埋め、「大人」になっていく。だが、Ａ受刑者の場合はそうではなかった。

両親のもとを離れ、アパートで一人暮らしをするようになったが、膨大な仕事はＡ受刑者から一人の時間を奪っていった。平日は日中に終わらない仕事を家にもち込むようになり、土日の休みは返上して働いた。友達づき合いは激減し、話し相手も失っていった。

当時の状況を、Ａ受刑者は手紙にこう書いている。

「就職して、1、2年目にいかに自分が甘かったかを実感しました。毎日7時から23時までの労働と、土日出勤といった物理的拘束から始まり、次の日の業務の準備をしなければならないプレッシャー、何を話しているのかよくわからない会議、先輩の指導についていけない絶望感と人間関係の不和、深夜にもかかってくる業務の電話……大学でぬるま湯にひたり、甘えのあった私にとって、ものすごい挫折感と閉塞感にさいなまれていました」

「仕事に時間をとられてしまっているので、プライベートが充実するはずもありません。友人と遊びに行く暇もなければ、料理をしたり、美味しいものを食べに行ったりもできず、彼女どころか対象になる女性もいませんでした」

逮捕後に精神科医と面接をした際、A受刑者は医師から、当時の状況は「うつ状態」だった可能性があると指摘されたという。

逃げ場を失い、精神的に追い詰められていったA受刑者は、やがて「もうだめだ」と自殺を考えるようになった。

「犯行に至る直前は、自殺を考えるような精神状態でした。仕事で挫折し、プライベートもうまくいかない閉塞感にさいなまれていて、もうどうでもいい、死んでしまいたいと思った時期があったのです」

今、職場での激務などによってうつ病になる人は少なくない。A受刑者もその一人だったといえる。多くの人は犯罪に至ることはない。だが、A受刑者の場合は、いびつにゆがんでいった精神状態が反社会的な方向へと向かっていったのである。

「やがて、どうせ死ぬならなんでもやってやる、という気持ちになりました。それが（性犯罪の）きっかけの一つだったと思います」

インターネットの違法サイトにはまる

A受刑者が〝性犯罪〟と出合ったのはインターネットを通じてである。

もともとパソコンが好きだったA受刑者は、学生の頃からインターネットをちょっとした情報集めに常用していた。そして、「もう死んでしまいたい」と思うようになったちょうどその頃、闇サイトを閲覧するようになっていた。そこでは、普段の生活では満たされない思いが、充足されるような感覚があったという。

「通常であれば見ることができない、交通事故の瞬間や人の死体といったショッキングな画像や無修正の違法なアダルト画像を閲覧したり、様々な犯行の実態や手口を知ろうとしたりしました。反社会的な事柄に対する好奇心が日に日に大きくなっていました」

ネットを通じて児童ポルノにも興味をもち始めた。

普段の生活では見られないものを、ネット上で見ているという自分の姿に喜びを感じるようになっていたという。

「秘匿されているものほど見たくなるという感覚から、小児性愛につながっていきます。また、強姦に至る発想にも大きくかかわっていると思います」

「社会がタブー視、あるいは秘匿しているものをのぞき見したいという気持ちであって、場合によってはそれによって得をしたい、利益を得たいという願望です。ある意味では、知的好奇心といえると思います」

〝知的好奇心〟という言葉が表すように、A受刑者は、そこで日々の生きる喜びを得るようになった。知的好奇心を満たしている自分の姿に、ある種の満足を得るようになっていたのだ。
やがてA受刑者の生活は、朝から深夜までの仕事三昧の時間と、帰宅してからの一人で闇サイトを楽しむ時間とに二分されていった。表の顔と裏の顔を使い分けるという、二重生活が定着していったのである。
そんななか、あるとき「性犯罪を自分もやってみよう」という気持ちが芽生えたという。性犯罪者への第一歩である。最初に実行に移したのは、のぞきだった。

「その時期に風呂場の窃視癖が始まっています。のぞきはハードルが低かったのと、ネット上のそういった類のポルノ動画がきっかけでした。それこそ、〝ちょっとやってみようかな〟くらいの気持ちだったと思います」

A受刑者は手紙の中で「反社会的好奇心」という言葉を繰り返し使って、当時の心理状況を説明しようとしている。彼の性犯罪への入り口は、性的関心や性的欲求ではない。追い詰められた日常生活の中で、やり場のない思いを満たしてくれる反社会的行為への興味・関心だったのである。

これが次の性犯罪への端緒となっていったのは想像に難《かた》くない。

児童ポルノやアダルトサイトを閲覧するだけでなく、自分もそれを「模倣」し始めたA受刑者は、すぐにその行為にのめり込んでいった。時間を見つけては外出して、入浴中の女性の家を探すようになったのだ。

前節で触れた「死んでしまいたい」という自殺願望は、少しずつ「どうせ死ぬならその前に……」という気持ちにシフトしていったのである。

ネットの痴漢動画に触発され、一気に爆発

最初はのぞきだったA受刑者の犯行は、少しずつエスカレートしていった。

当初はのぞきも、その場面を一瞬見て終わりだったが、次第にデジタルカメラで写真を撮影するようになり、やがては動画を撮影するまでになっていった。そのほとんどは、容易に犯行が成し遂げられる近所のいくつかの決まった風呂場をのぞいていた。やがてA受刑者は、自分が撮影したその画像を見ながら、自慰行為にふけるようになったという。

働き始めて3年目。追い詰められていた状況に、少しずつ変化が生まれていた。仕事に慣れ、時間的に余裕ができたことが大きかった。

そんなとき、職場の同僚から、子どもが強制わいせつの被害に遭ったことを聞かされる。見知らぬ男に声をかけられ、乱暴をされかけたという。

同僚の話の中で、A受刑者が反応したのは、被害に遭った同僚の子どもに対してではなく、犯人の男は捕まっていないという点に対してだった。「そんなにひどいことをしてもばれないし、捕まらないものなのか。結構簡単にできるんだ」という思いが湧き上がったという。

そしてA受刑者は、自分もやってみようと最初の犯行を思い立つ。

「仕事も3年目になり、時間的余裕が出てきた頃、ネット上のやらせの痴漢動画（すれちがいざま路上で女性のスカートをめくるような内容だったと思います）に触発され、一気に爆発した、と考えられます」

狙ったのは高校生だった。

その理由は、子どもを狙ったほうが、犯行がばれにくいと考えたからである。子どもといっても、小学生や中学生を性的対象として考えるのには抵抗があり、高校生を狙うことにしたという。

A受刑者は、原付バイクに乗り、連日のように、自宅周辺の住宅街を物色して回った。ニット帽を目深にかぶり、顔がわかりにくくなるような工夫もしていた。

そして、5月の大型連休明けに、A受刑者は最初の犯行を決行した。

その日の夕方、部活動を終えて帰宅途中の女子高校生を見つけ、その帰路を尾行して犯行の機会をうかがった。そして、被害者の高校生が自宅のあるマンションに入り、エレベーターを待っているときに、背後から襲いかかった。

女子高校生の口を手でふさごうとしたら、相手に猛烈に抵抗されてしまった。A受刑者はすぐに現場から逃走する。裁判では次のように言及されている。

「被告人はスカートの中に手を入れ、太もものつけ根付近を触り、抵抗されて未遂に終わった」

普通ならば、失敗に終わったことで、まず次の犯行は考えないだろう。だが、A受刑者の考えは違った。裁判ではこう断定されている。

「これに全く懲りず、失敗したのは相手が抵抗力のある女子高生であったからであり、次は抵抗できない小学校高学年位の女の子を狙うことにした」

失敗したことで、逆にA受刑者は「もっとうまく実行しよう」と考えるようになったのだ。次のターゲットに選んだのは小学生だった。

犯行の1時間後に、また犯行

2件目の犯行は、最初の犯行のおよそ1年後だった。

当日、A受刑者は原付バイクに乗り、近所の住宅街を走りながら対象となる子どもを探していた。そして目をつけたのが、小学校高学年の女の子だった。

実はA受刑者は、最初の犯行以降「次はもっとうまくやろう」と考え、原付バイクで住宅街を回りながら、襲いやすそうな少女を探していた。そして目をつけた少女については、何時頃、どのルートを辿《たど》って、どの家に帰るのか、ということを調べるようになっていた。それは、いかにうまく犯行を成功させるかという一心からの行動だった。1件目から2件目の犯行までには1年の間隔があるが、その間、A受刑者は次の犯行への準備を周到にしていたのである。

2件目の犯行のターゲットとなった少女の自宅も当然、事前に把握していた。

「塾から自宅に帰る途中の被害者を見つけ、その後を追跡しました。被害者が集合住宅に入り、エントランスホールから一人でエレベーターに乗ったのを見届けると、自分は階段を走って上り、4階に行ってエレベーターのボタンを押し、被害者が乗ったエレベーターを4階に停止させました」

エレベーターに乗った被害者を、階段で先回りして待ち構えたのだ。階段を駆け上ったA受刑者の形相《ぎょうそう》を思い浮かべると、やりきれない思いになる。

被害者の少女は、いったん4階でエレベーターを降りるが、自宅がある階ではないことに気づき、再びエレベーターに乗ろうとする。そこにA受刑者は同乗しようとした。少女はA受刑者を見て、見知らぬ男性と2人きりでエレベーターに乗るのは不安だと考え、階段で行こうとした。

まさにそのとき、A受刑者は犯行に及んだのだ。

A受刑者は被害者に襲いかかり、パンツの中に手を入れ、性器を触った。そして、「誰にも言うな」と言って被害者を脅し、その場から逃げ去った。原付バイクを利用した逃走だった。

そして、わずか1時間後。A受刑者は3件目の犯行を行う。

目の前にいたのは、以前から目をつけていた女子高校生だった。この女子高校生もまた、A受刑者が1年間かけて狙いをつけていたターゲットの一人だった。

塾の帰り道だったが、自宅がどこにあるのか、どの経路を通って帰宅するのかなど、A受刑者は熟知していた。自転車で帰る高校生に対して、A受刑者は原付バイクに乗って先回りをし、自宅前で待ち伏せすることにした。

被害者が自転車を止め、自宅に入ろうとしたその瞬間、A受刑者は襲いかかった。このときもまた、被害者のパンツの中に手を入れ、「誰にもしゃべるな」と脅して、その場を立ち去った。

前述の通り、A受刑者はこの2件の犯行のため、極めて周到に〝準備〟していたのである。性的欲求に突き動かされ「衝動的」に犯行に及んだのではなく、事前にターゲットを絞り込み、計画的に犯行を実行していたのだ。

ローションとビデオカメラを購入

4件目となる次の犯行は、さらにおよそ1年後だった。

犯行に至るまでのその長い期間は、準備に充てられていた。自分の時間がとれるたびに原付バイクを乗り回し、どこにどんな少女が暮らしているのか、物色し続けていたのだ。

次に被害者となったのは、その中で目をつけていた少女だった。マンションに入っていく姿を見かけたA受刑者は、事前に少女が何階に住んでいるか調べておいたため、2件目の犯行と同じように階段を走って上り、先回りすることができた。そして、エレベーターホールで待ち構え、エレベーターから降りてきたところを襲ったのである。

この4件目までのA受刑者の罪状は、強制わいせつ未遂である。強姦未遂を犯すのは、さらに1年後の5件目である。

激務の合間にわずかな休暇がとれれば、原付バイクを使って物色を続けていたA受刑者は、この頃、犯行のために新たな道具を購入していた。それは、犯行を記録するビデオカメラと、被害者の体に塗るローションだった。今までのように、被害者に抱きついて体を触るだけでは、満足できなくなっていたのだ。

当日、A受刑者は休暇をとり、丸一日を犯行に充てることにした。

午後、帰宅途中の一人の少女に目をつけ、自分でマンションの鍵を開けて帰宅する様子を見た。少女が「カギっ子」であることがわかったのだ。そして、A受刑者は少女の住む部屋に近づき、大胆にもドアノブを回した。鍵はかかっておらず、ドアノブはスルリと回った。

ニット帽をかぶって顔を隠したA受刑者は、すかさず部屋に侵入。昼寝していた少女に襲いかかった。

A受刑者は少女の下半身にローションを塗り、性交を試みたという。だが、挿入前に射精したため、未遂に終わった。その後A受刑者は、ビデオカメラで少女の様子を撮影し、「絶対に人に言うなよ」と脅して、立ち去った。

ところが、捜査を進めるなかで、もともとA受刑者は同じマンションに住む別の少女に狙いをつけていたことがわかった。その少女を数カ月前からつけ回して、行動パターンを分析していたのだ。

A受刑者による別の少女についての行動分析は、これまで以上に周到に行われていた。

まず、マンションの何号室に住んでいるかを把握した上で郵便ポストをあさり、電話番号を把握していた。電話は、家族の留守を事前に確かめるための手段だった。

さらに、インターネットで少女の制服やカバンなどの情報を検索し、通学していると思われる学校を割り出していた。その学校のホームページをチェックし、学校行事の日程をもとに何日は何時頃帰宅するのか、といった予定を調べ上げていたのである。

そして、5件目の犯行から2カ月後。被害者となる少女に狙いをつけてから半年余りたって、6件目の犯行に及ぶ。つまり、5件目の犯行の際には、A受刑者の中で、すでに6件目に襲う標的が決まり、犯行の準備が行われていたのだ。

その日は少女の学校が午前中で授業が終わり、昼頃に帰宅することが学校のホームページからわかっていた。好都合なことにA受刑者が休暇をとれる日だった。

A受刑者はマンション付近で、少女の帰宅を待ち伏せすることにした。その間、携帯電話から少女の自宅に電話。誰も出なかったため家族は留守であると判断し、少女が帰宅すれば一人きりになるはずだ、と犯行を決意した。

何も知らずに帰宅した少女の後をつけたA受刑者は、少女が部屋に入った瞬間、閉まりかけたドアに手をかけて侵入した。その後は、「騒いだら殺すぞ」などと脅し、強姦未遂に及んだ。

「自分は人とは違う、自分だけは捕まらない」

その後の度重なる犯行については、個別に詳述しないが、いかに用意周到に行われたかをまとめてみた。

・事前に狙いをつけた被害者の自宅へ行き、開いていたドアから侵入し、玄関の棚に置かれていた鍵を盗む。後日の犯行の際に使用した

・被害者がもっているカバンから、習い事の予定を把握。インターネットでその習い事の予定を調べ、何曜日は何時頃帰るのかを把握。それにより犯行の日時を決めていた

・同じマンション内で、2人の少女に目をつける。いずれも、郵便物などから自宅の電話番号を調べ、犯行前は電話をして家族が留守であることを確認。「先に帰ってきたほうを強姦しよう」と考えていた

想像を絶するほどのエネルギーを注いで、犯行に及んでいたのである。

A受刑者にとって、こうした準備や実際の犯行への流れも含めた行為全体が、普段の日常生活では得られない「充足感」を与えてくれるものだった。A受刑者は手紙で次のように書いている。

「自分の服装は機能的にこういうものがよい、自分の足の速さや持久力を考えて退路を確保する、犯行予定時間の人通り、隣の家にはどのような人が住んでいて交流はあるかどうか、この時間に外出するということはおそらく習い事に行くのだろう、服装や荷物からその習い事はこれこれで、ホームページで調べると何時には帰宅するはずで毎週同じ行動をとるに違いない……。こういった情報を積み上げていきました」

「様々なケーススタディにより、人の行動や生活様式が読めてきたり、自分の行動が効率化・ブラッシュアップされたりしていくのです。これらを総じて、『ロールプレイングゲームの中の〝経験値〟が上がっていく感覚』と表現したのです」

ただ、A受刑者は、特定のゲームやキャラクターを想定して、このように語っているわけではないと話す。性的な内容を含むロールプレイングゲームなどは、やったことも見たこともないといい、純粋に「比喩」として、この「ロールプレイングゲーム」という言葉を使っているという。

このように、「性的欲求」の問題としてとらえがちな性犯罪だが、A受刑者の説明は全く違っていた。もちろん性的な願望をはらんではいるのだが、もともとは自殺も考えるほどの心理状況の中で、やぶれかぶれ的に「反社会的行為」へと目覚めたのが始まりだったのだ。それを実行に移していく際に膨大な準備時間を費やしながら、その過程で表の社会生活では得られない「もう一人の自分」を見つけ出していたのだ。それが度重なる性犯罪の根底にあったのではないかと思われる。

A受刑者は、「どうせ死ぬなら」という気持ちは犯行を重ねるなかで消えていったという。

「犯行を重ねるうちに、〝自分は人とは違う、自分だけは捕まらない〟という選民意識（選民妄想）が芽生え、拍車がかかっていったのではないかと思います」

自殺まで考えたA受刑者は、いつの間にか、「失敗したときの行動を分析して同じ轍を踏まないようにすれば、捕まることはないだろう」と思うようになっていたのだ。

性犯罪という名の〝中毒〟

A受刑者は手紙の中で、自分の犯行の背景を詳しく分析している。やや難解な部分もあるが、その人となりを知るためにも簡単にご紹介したい。

A受刑者は自分という人間には、3つの性分があるとしている。それは「反社会的好奇心」「実利的道徳基準」「エリート意識・自己分析能力の過信」である。

1つ目の「反社会的好奇心」については、すでに触れた。秘匿されているものほど見たくなる心境で、インターネットの闇サイトに強く惹かれていった部分である。

2つ目の「実利的道徳基準」とは何か。A受刑者によると、「捕まらない、発覚しないのであれば、自分（や自分の周りの人）の利益になることを行ったほうが得である、という考え方」だという。自分にとっての実利を優先し、「捕まらないならいい」と考えるわけだ。

3つ目の「エリート意識・自己分析能力の過信」については次のように話している。

「うまい言葉でまとめられないのですが、自分にはある程度、人より高い能力があり、孫子の言う〝敵を知り、己を知れば百戦あやうからず〟というような、自分の能力を把握した上で、できること、できないことを判断していけば、失敗はしないだろうと考えていました」

犯行を重ねるなかで、（実際に何年にもわたって逮捕されなかったのだが）「自分だけは逮捕されないだろうという考えにつながりました」と言う。

この3つの性分が〝横糸〟となり、就職後の「地獄の日々」が〝縦糸〟となって重なることで犯行が起きたのではないかとA受刑者は振り返っている。

「外資系企業で働く自分と、私生活の自分を、都合よく分離させたのです。凝縮された反社会性（反社会的なことをしてやろうという意識の高まり／筆者注）が、仕事に少しだけ余裕が出始めた頃に爆発したのです。1、2年目の仕事は本当に辛く、自殺を考えるほどでした。事件に至る爆発は、一種の自殺であったと思います。死ぬくらいなら好きなことをやってやろうと思ったのです」

それでは、なぜ10件以上も犯行を繰り返したのか。A受刑者は、一種の「中毒」だったと分析している。

「一度、事件を起こしてしまってからは、完全に中毒になりました。今考えると、当時の状況は、ギャンブル中毒やセックス中毒、買い物中毒などの行為障害の症状に酷似しています」

理路整然とした説明である。ここまで自己分析ができる人は少ないのではないか。

性犯罪は「ムラムラして」ではなく、「計画的」がほとんど

A受刑者の手紙の一部を、本人の了解をとり、性犯罪の加害者研究の第一人者である大阪大学・藤岡淳子《ふじおかじゅんこ》教授に読んでもらった。便せんを手に、何度もうなずきながら読んでいた藤岡教授は、しばらくして顔を上げるとこう言った。

「性犯罪をする人に、こういうタイプは多いですよ」

藤岡教授は心理学が専門で、かつては刑務所で働いていたこともある。研究者になってからも、刑務所の処遇プログラムの開発に携わったり、実際に自分で加害者に面接したりして、再犯防止に向けた取り組みなどを行っている。

「私が刑務所で働き始めた頃、先輩から〝あの男はムラムラして、性犯罪をしたんだ〟な

どと説明を受けました。当時は、そう考えるのが普通でしたが、その後、アメリカに研究に行って、実は全然違うことがわかったんです」

そして、こう続けた。

性暴力の動機は、「衝動的でコントロール不能」と考えがちだが、実際には違う。加害者は、犯行を成功させるという目的に沿って、「狙いやすい対象」を選び、「犯行が成功しやすい場所や時間」を選んでいる。目的に向かった理知的な行動をとっているのである。それを目的に合う行動、すなわち合目的的行動、と藤岡教授は称している。

逮捕後に「衝動的にやってしまった」と説明する性犯罪者が、実は「計画的」であることは非常によくあることだったのだ。

性犯罪者の再犯防止について言及した『性暴力の理解と治療教育』（藤岡淳子著、誠信書房）には、次のような記述がある。

「（性犯罪者は）狩りをしようと思い、獲物のいそうな場所におもむき、持てる技能をフル稼働させて、狩りに専念するのである。彼らは自身の狩場を持っている。うまくいくこともあれば、いかないこともある。しかし、性暴力行動を完遂しようとする彼らの意志の強さ、粘り強さ、努力は驚くべきものがある。捲土重来《けんどちょうらい》、次の機会を待つのである」

さらに、実際の犯行に至るまでの過程は、多くの性犯罪者に共通しているという。

「確実に獲物がいて、犯行が遂行できそうな状況を作っていくのである。目星をつけた被害者の後をつけ、一人暮らしであることを確認すると、窓の灯りが消えるまで何時間でも待つ。その間に、コンビニで手袋やマスク、紐といった道具を調達する」

「彼らは手口を工夫し、〝失敗から学び〟、徐々に犯行のスキルを向上させる」

これは程度の差こそあれ、A受刑者の手紙の内容そのものである。

数多くの性犯罪者を見てきた藤岡教授は、性犯罪を「性的欲求」の問題としてのみとらえるのは大きな過ちである、という。

「性犯罪者といえば、見るからに〝変態〟〝気持ち悪い人〟を想像するかもしれないが、実際にはそうではない。普通に大学を出て、会社員や公務員としてきちんと働いている人も多い。〝ムラムラして飛びついた〟という理解をしてばかりいては、全く対策に結びつかない」

性犯罪を繰り返す彼らに特徴的な行動パターンを十分に理解しなければ、その再発防止の働きかけや、自分の身を守る防御策は意味がないものに終わってしまう、というのだ。

統制不能となっていく充足感

藤岡教授は「性犯罪が性的欲求だけの問題ではないことは、いろいろな依存症と比較すると理解しやすい」としている。

アルコール依存症の人は、のどが渇いたから酒を飲むのではない。酒を飲んで嫌なことを忘れたり、強気になって他人に言いたいことを言えるようになったりしたいから飲むのである。万引きを繰り返す人も、お金がなくて仕方なくその商品を盗むのではない。親を困らせたい、スリルを味わいたい、万引きのスキルを自慢したいなど「多様な動機」がそこに存在しているのだ。

そうしたなかで、性犯罪だけは、なぜか性的欲求だけによるととらえられ、「多様な動機」が考えられにくいという。

10件以上の性犯罪を繰り返したA受刑者については、逮捕直後に大きく報道された。その一部を見ても、「身勝手な性的欲求満たすため　10件以上の犯行　男を逮捕」「ゆがんだ欲望の餌食になった少女たち」などといった見出しばかりが躍っていた。少しだけ背景に近づいた「連続わいせつ　男〝ストレス〟容疑認める」という報道も、〝ストレス〟という表現にとどまり、その先にあるものに迫り切れていない。性犯罪は、事件の猟奇性に注目が集まりやすく、どうしても性的欲求・欲望のほうへと軸足が傾いてしまうのだ。

だが、実際には性犯罪の多くは、「支配」「優越」「復讐」「依存」などの様々な欲求によって行われている。そして、犯行がうまくいくことで、そうした欲求は一時的に充足される。その充足感によって、性暴力は一般的に〝習慣化〟しやすいと藤岡教授は指摘する。

「性暴力をふるうことによって得られた充足の体験が、その手段を捨て去ることを極めて困難にする。ある意味簡便で効果的な手段を覚えてしまうと、他の社会的に適切な充足手段を獲得することがおろそかになってしまい、ますます性暴力という手段に頼らざるを得なくなる」

〝ある意味簡便〟という部分についてA受刑者は、「セックスを目的とした場合、恋愛はおろか出会い系や風俗と比較しても、犯行のほうが手軽だと考えていた」と言う。

さらに、犯罪の内容がエスカレートしていく恐れもある。藤岡教授は前出の著書の中でこう書いている。

「始めた少量で得られていた満足が当初の刺激では徐々に得られなくなり、求める刺激と行動がエスカレートしていくのである。そうなってくると、ある意味、〝統制不能〟といえるかもしれない。しかし、彼の意識は清明である」

「自分の力ではもう引き返せなくなっていました」

A受刑者と文通を始めておよそ半年。初めて面会したのは、東日本にある刑務所だった。訪問する日は事前に手紙で伝えてあった。小さな面会室で待っていると、丸坊主のやせた男性が現れた。メガネをかけた顔は、頬がこけていた。真面目そうな青年という印象だった。外見上、残忍な犯行に及んだとはとても想像できない。

手紙では十分に理解できなかったことを聞くべく、いくつか質問をしていくと、A受刑者はその一つひとつに丁寧に答えてくれた。

「性犯罪は性的欲求や性的衝動に突き動かされたものではない、ということがわかってきた。今振り返って、あなたの犯行もそういう理解でよいだろうか」

「概《おおむ》ねその通りです。道を歩いていて、通りすがりの女性を見て、好みのタイプだ、きれいな人だ、肌が露出している、などといった点から衝動的に犯行に及ぶ、というイメージで考えているならば、私の場合は全く違います。仕事で忙しい毎日の中で、ぽんと1日休みができたときに〝今日はやってやろう〟という気持ちが芽生えるという感じです。そして、事前に準備していた計画の通りに進めるのです」

A受刑者は手紙の文面と同じように淡々と、論理的に説明してくれた。極めて冷静で、穏やかな人物であるという印象をもった。

「ロールプレイングゲームのような感覚という説明は驚きだった。どうやってそこまで自己分析をしたのか？」

「私自身も、犯行がなぜエスカレートしていったのかを知りたいと思っていました。逮捕されてから、何でこんなことをしてしまったのか、と我に返ったのです。犯行を重ねている当時は、自分のことをそんなふうには見られていませんでした。逆に、自分でも止められなくなっていました」

「止められなくなっていた？」

筆者の質問に対して、A受刑者は次のように言った。

「犯行を重ねるうちにビデオカメラで撮影するようになったのは、判決文などからご存じだと思います。では、なぜ撮影したと思いますか？　実は、撮影することで犯行をやめられると思ったのです。ＶＴＲを見れば犯行の再体験ができ、そこで満足して、新たな犯行を繰り返さなくても、充足感が得られるのではないかと考えたのです」

犯行をやめたいが、警察に自首したり、誰かに告白したりすることはできない。そこで、犯行の様子を撮影することで満足しようとしたというのだ。

Ａ受刑者は苦笑しながらこう言った。

「なかなか理解できないでしょうね。誰もわかってくれないだろうと思って、裁判でも、こうした趣旨の証言はしませんでした。でも、わかっていただけたらと思います。どこかの時点から、自分の力ではもう引き返せなくなっていました」

自分の挙式の数日前にも強姦していた

Ａ受刑者はおよそ5年間にわたって性犯罪を繰り返していたが、実は、その最中に結婚し、伴侶を得ている。

しかも結婚式の数日前にも犯行に及んでいるのだ。

犯行当日、結婚式の準備を終えたA受刑者は、いつものように住宅街を回って、襲う相手を探していた。しかし、適当な相手が見つからなかったため、半年ほど前から目をつけていた、ある少女の自宅を見に行った。

少女の自宅は、電気がついていなかった。A受刑者は「留守だ」と判断し、犯行に及ぶには好都合だと考え、少女の帰宅を待つことにした。そして、帰宅したところを、自宅に押し入り、背後から襲いかかって、強姦に及んだのである。

結婚という人生の一大イベントを数日後に控えているにもかかわらず、なぜ犯行を思いとどまれなかったのか。妻との絆は、A受刑者の性犯罪の歯止めとはならなかったのか。

刑務所の面会室では、この辺りの疑問について繰り返し質問をした。

「正直言うと、結婚したときも心の底で、いつかこの関係は終わるだろうと思っていました。この頃になると、自分で性犯罪をやめたくてもやめられなかったのです」

「大切な家族のために、犯行をやめるというのが普通だと思います。自分も妻との関係は崩したくないと思っていました。でも、そうさせない〝裏の自分〟がいました。

表の自分が止めようにも、どうにも止められなくなっていました」

A受刑者の説明は、一貫してそんな内容だった。そうしたやりとりの中で、先のビデオカメラでの撮影の話も出てきたのだった。

「誰かに止めて欲しかった、というのが正直な気持ちです。わかってもらえないかもしれませんが……VTRで充足感が得られず、結婚しても犯行がやめられないとわかったとき、ああ、これは自分の力ではやめることはできないなと諦めました」

逮捕直後の新聞では、結婚式当日、A受刑者は笑顔で職場の同僚や友人たちに囲まれていたと報じられている。盛大な結婚式だった。

一方で、被害者となった少女は、「大きな精神的ショック」を受けたと裁判資料には書かれている。A受刑者が立ち去った後、息も絶え絶えになりながら、自力で110番通報をし、救急車で病院へ運ばれたという。

対象者は小学生中心から大学生やOLへと拡大

Ａ受刑者は、小学生を対象に何件もの性犯罪を重ねている。「自分には小児性愛の嗜癖《しへき》は間違いなくあった」と述べている。だが、いわゆる小児性愛者として理解されるような、幼児のみを対象とするタイプではなかったという。

一方で、大阪大学の藤岡教授は「年齢が低い子どもは言うことを聞きやすいと考え、犯行に及ぶ性犯罪者が多いのは事実だ」と分析している。単純に子どもを性的対象として見ているために性犯罪が起きるわけではないのだ。

「同世代の女性には〝拒否される〟恐れが高く、接近できないとすれば、拒否できない、あるいは拒否を無視して性行為を行える子どもを対象とするということが少なくない。子どもを対象とする加害者は、〝言うことを聞きそうな子〟〝起きたことを他の人には話しそうにない子〟を見抜くのが極めてうまい」（『性暴力の理解と治療教育』）

Ａ受刑者についていえば、実は件数を重ねていくうちに、「小学校高学年以外にも、中学生も襲ってみよう」と考えるようになり、実際に犯行に移している。

その犯行も事前に準備を重ねたものだった。すでに狙いをつけていた中学生の少女の自宅で郵便物をあさり、友人からの郵便物を見つけて部活動を把握。学校のホームページで日程を確認するなどして犯行の日時を決め、実行したのである。

手にしていた鍵を、ナイフのようにして被害者の首筋に突きつけ、「助けを呼ぶな、誰にも言うな」などと脅し、強姦に及んだという。

犯行を終え、現場を立ち去ったA受刑者は、今度はこう考えるようになったという。

「中学生でも脅せばおとなしくさせられる。次からは、小学生でなくても大丈夫だ」

こうして犯行の対象を大学生やOLへと拡大したのである。

そしてその後は、18歳や22歳など、20歳前後の女性をターゲットにして犯行を重ねている。

A受刑者が成人女性を狙うようになったのは、犯行を繰り返していくなかでの〝自分がスキルアップしていく感覚〟に基づくものだったという。より難しい犯行内容へと自分の中でハードルを上げ、性犯罪がエスカレートしていったのだ。

逮捕の瞬間と、そのときの心境

「自分ではやめたくても、やめられなかった」

そう語るA受刑者が、遂に逮捕される日を迎える。

その日も仕事を終えた後、事前に下見をしてあった住宅街を原付バイクに乗って走り回り、誰を襲おうかと考えていたという。カバンの中にはいつものように、犯行の際に使うビデオカメラやローションを忍ばせていた。

そして、帰宅途中だった20歳前後の女性に目をつけ、尾行し始める。女性が自宅のマンションに入ると、その後を追って金網フェンスのついたブロック塀を乗り越え、敷地内に侵入しようとした。部屋に入る瞬間を先回りして待ち構えようとしたのだった。

ところが、別の住民に見つかってしまった。現場から逃げ去ろうとするが、その場で、取り押さえられる。

そのまま警察に連れて行かれ、住居侵入の罪で逮捕された。

当然、警察は他にも余罪があるのではないかと追及した。だが、取り調べに対してA受刑者は当初、過去の数々の犯行については口にしなかった。逮捕当時の新聞では、警察の追及に対して「あいまいな説明を繰り返した」と報じられている。

実は警察はこの頃、地域一帯で発生していた少女を狙った連続わいせつ事件の犯人を追っていた。数年の間に、小学校高学年の少女が次々と襲われていたため、警戒を強めていた。すでに、それぞれの事件現場に残されていた遺留物のＤＮＡ鑑定が進められていたのだ。そして一つのＤＮＡの型が共通して検出されており、同一人物の犯行であることが突き止められていた。

Ａ受刑者が住居侵入で逮捕された現場は、警察がＤＮＡの解析を進めていた事件現場から10キロ以上離れていた。だが、原付バイクで移動しているＡ受刑者は疑わしい存在であった。所持品にも、ビデオカメラなど不審な点があった。

警察は、Ａ受刑者のＤＮＡと過去の事件のＤＮＡとを照合した。そして、その型が一致した。その一方で、Ａ受刑者の自宅のパソコンからは、過去の事件を録画した動画データが次々と発見された。こうした事実を突きつけられたＡ受刑者は、全面的に犯行を認めた。住居侵入による逮捕ののち、さらに過去の度重なる性犯罪の疑いで再逮捕されることになる。

Ａ受刑者は、当時の心境をこう振り返っている。

「大変なことをしてしまった、という思いはもちろんありました。ただ一方で、これでようやく終わった、という感覚も少しありました。自分ではどうにもならないところまで拡大していた〝裏の顔〟が遂に消えたのです」

何度も自殺を考えた母親の苦悩

Ａ受刑者の母親に会った。腰が低くおしゃべりという印象は受けたが、それ以外にこれといった特徴もなく、ごく普通の主婦だった。

自分の息子が性犯罪者として逮捕されたときの衝撃は、とてつもなく大きかったという。母親は言葉を選びながら少しずつ、当時のことを話してくれた。

事件発覚当時、Ａ受刑者とはすでに別々に暮らしていた。最初に警察から連絡があり、「息子さんが家宅侵入で捕まった」という話を聞いたときは、腰が抜けそうなくらい驚いたという。何かの間違いかもしれないと思いながら、夜道を警察へと向かった。

そして警察署に着くと、Ａ受刑者から「僕は数カ月とかの期間では、社会に戻れないかもしれない」と聞かされた。

息子は一体何をしでかしたのか。事態を飲み込めないまま、母親が警察官に尋ねると、「実は複数件の性犯罪にかかわっていた疑いが持ち上がっている」と聞かされた。母親は「性犯罪!?」と絶句した。「本当にびっくりしたとしか表現しようがない。『なんでうちの子が？』と。しばらくして少し落ち着くと、自分の育て方が何か間違っていたのかとか、悶々と考えるようになった」

その後の警察からの説明や、報道を通じて知らされる息子の所業は、母親にはとても耐えられるものではなかった。法テラスから紹介を受けてやってきた弁護士は、「私の手には負えない」と言って、弁護を躊躇《ちゅうちょ》したという。

次々と明らかになる息子の犯罪を前に、目まぐるしく毎日が過ぎていった。

母親の心理状況は、限界にまで追い詰められていた。警察に向かう道中、高速道路の上にかかった陸橋があった。その陸橋を渡りながら、母親は何度も飛び降り自殺を考えたという。陸橋から車の上に落下し、ぐちゃぐちゃに潰れた自分の姿を想像した。

一方で、母親が住む自宅には、マスコミが殺到した。

昼間から窓という窓のカーテンを閉め、玄関のドアにはチェーンをかけた。取材への対応は、インターホンを通して行っていたという。

新聞受けには、再三にわたって、新聞社や週刊誌からの手紙が投函された。捨てるわけにもいかず、目を通すと、「加害者の家族であるあなたには、取材に応える義務がある」といった趣旨のことが書かれていた。

チェーンをかけたまま、ドアの隙間から「被害者の方々には本当に申し訳ないが、家族にもまだわからないことが多く、お話しできることは何もありません」と答えると、その様子をテレビカメラで撮影されたこともあった。

だが、何をされても、母親は抗弁することはなかった。

「息子が性犯罪者であるという事実以上に、自分の気持ちを萎《な》えさせるものはありませんでした。マスコミの態度も、息子が性犯罪者であることの衝撃に比べれば、小さなものでした」

最後は、気丈にも自ら玄関を開け、自宅の前で取材に応えた。そのときの様子は、当時の新聞記事にも残されている。記者たちを前に、「犯罪にかかわっているなんて、夢にも思わなかった」と母親は泣きながら語っていた。

ネットにあふれる「鬼畜」「死ね！」のコメント

事件前、A受刑者はインターネットに依存した生活を送っていた。

朝起きれば、まずパソコンを立ち上げ、深夜寝る直前まで電源が入っているような状態だった。日々のニュースなどの情報は、ほとんどインターネットから仕入れていた。

掲示板「2ちゃんねる」も頻繁に閲覧していた。すでに述べたように、犯罪に関する情報や事故写真、児童ポルノなどの情報は2ちゃんねるを経由して得たりした。性犯罪への最初の〝目覚め〟はインターネットがきっかけだった。それだけではなく、ネット上に書き込まれる膨大な誹謗中傷、個人情報なども目にしていた。

そして、逮捕された瞬間に立場は逆転した。

A受刑者の報道について、「鬼畜」「死ね！」などのコメントが、あちこちのサイトに氾濫したのだ。筆者が検索したところ、「死ね！」という文字がA受刑者の顔写真にかぶせて表示されるようなものもあった。

さらに、A受刑者の身近な人物でなければわからない情報も、インターネット上に数多く見受けられた。たとえば、「A受刑者というのは○町×丁目に住んでいた奴ではないか」「高校のとき、あいつは○×だった」「○年×月にどの高校を卒業して、どこに就職し、○年からは▽課に異動した」といった情報だ。筆者がA受刑者に確認したところ、いずれもおおむね正しい情報だった。実際の知り合いが興味本位で書き込むのだろう。

個人情報に関しては、筆者が調べた限りでは、それ以上の詳細な住所や電話番号、家族情報などはインターネット上には出ていなかった。

A受刑者にとって、事件前にはインターネットは、性犯罪という「闇」の世界への扉を開ける存在であった。それが事件後には、あらゆる非難や誹謗中傷がA受刑者に向けられる場となったのは皮肉なことである。

A受刑者も、事件後にその恐ろしさを実感したと手紙に書いている。

「ネットにかなり依存していた私にとって、事件後、自分に関する情報がネット上でどのようにやりとりされているかは、どうしても知りたいことであり、それがかなわないのは大変残念なことです。それが真実なのか、流言飛語のたぐいなのかは、家族への対応策などを考える上で重要だと思っています」

受刑者が涙を流した、裁判長からの言葉

少し時間はさかのぼるが、A受刑者の判決の日のことに少し触れておきたい。

その日、筆者はA受刑者の公判が行われている裁判所に足を運んだ。

逮捕当時は大きく騒がれた事件だったが、その日の法廷には各社の司法担当とみられる記者が来ているくらいで、傍聴している人は少なかった。大きな事件に特有の、傍聴券を

得るためのくじ引きの行列もなかった。

開廷すると、A受刑者は上下黒のスーツで現れた。頭は丸刈りだった。拘置所の生活が続いているためか、肌は真っ白。青白い頬はこけて見えた。

事前の報道によって、被害者の家族が極刑を含めた強い処罰を求めていることをA受刑者は知っていた。

「無期懲役にして欲しい。刑務所から出さないで欲しい。本当は死刑にして欲しい」

「刑務所の中で、苦しんで苦しんで、そして死んで欲しい」

このような発言をしている被害者とその家族は、A受刑者を許すことは決してないだろう。

裁判長が入廷し、判決文が読み上げられた。終始一貫して小声だったため、記者たちがその一言一句を聞き逃すまいと、身を乗り出していた。

判決は懲役30年。検察側が求めていた、無期懲役の求刑は退けられた。その理由は、A受刑者が過去の犯行についても自ら進んで自白したこと、そして、すでに社会的な制裁を受けていることなどだった。

小声で判決文を読み終えた後、裁判長は頭を上げ、A受刑者に言った。

「あなたは、自分のやったことを反省していると思います。自分が犯した罪をよく考えてください」

「はい」

A受刑者は、うつむきながらうなずいた。

「自分が何をしたのか、それによってどれだけ傷ついた人がいるのか、考えて欲しい」

裁判長は穏やかに語りかけた。

「一生刑務所にいて欲しいという被害者の方々の気持ちを忘れないでください。人が人を愛するとはどのようなことなのか、しっかりと考え、そういう人間になってください。あなたはこれから何をすべきかわかっていますね」

うつむいたA受刑者は、ただただ、涙を流してうなずいていた。

筆者は、この裁判長の言葉に胸を打たれた。厳しいながらも温かみのある言葉は、30年かけてでもA受刑者に更生して欲しいという思いから、自然と発せられたものなのだろう。

刑務所で性犯罪者はどんなことを話しているのか

A受刑者は、現在も刑務所で服役中だ。
日々刑務作業をしながら、懲役刑の日々を過ごしている。

「工場に配役となっています。糸巻き（ボビン）にキズや汚れがないかを確かめる作業です。一日中椅子に座り、何千個もの糸巻きと向き合っています。頭を使わない仕事を、このまま何年も続けていくのかと思うと、廃人になってしまいそうです」

A受刑者は、被害者に対する多額の弁済金が未払いのまま残っている。作業の時給はおよそ10円で、何十年かかってもそれを支払うことはできない。被害者への償いが遅れていることに忸怩《じくじ》たる思いを抱いているようだ。

そんななかで、他の性犯罪者とも接する機会があるという。どんな人たちが多いのか、手紙を通して質問すると、次のような答えが返ってきた。

「彼らはいずれも温厚で暴力性が低く、仕事に勤しんできた真面目な人という印象を受けました。彼らと罪について話し合うこともあったのですが、『もう二度と罪を犯すつもりはない』というのが共通の思いでした。受刑者同士で話しているのですから、官側へのポーズであるはずはなく、本音であることがわかります」

なかには虎視《こし》眈々《たんたん》と次の犯行をどうするか考えているケースもあるだろうが、ほとんどの受刑者は、〝もうやりたくない〟と考えているはずだというのがA受刑者の感想だ。

穏やかな性格の人物が多いことについて、A受刑者は、自分自身もどちらかといえば、そういうタイプだと考えている。そしてA受刑者は、逆に「それが性犯罪者の特徴なのかもしれない」と考えるようになったという。

「性犯罪の特徴は、閉鎖的な非社会性だと思います。非社会的な犯行だからこそ、〝表の顔〟としての社会性が必要となり、穏やかな表情をした〝表の顔〟をもっていない性犯罪者は、事件が大きくなる前に発見されるはずだと思います」

やや難しいが、〝表の顔〟をもつ性犯罪者は、〝表の顔〟と〝裏の顔〟をたくみに使い分け、どんどんと犯行にのめり込んでいってしまう。一方、その使い分けができない場合は、早めに事件が発覚するというのだ。

「性犯罪者には、（自分も含めて）社会性と非社会性をもった人が多いと考えられないでしょうか。もっとも、そういう人が犯行を起こすので、話題になりやすいという面もあるかもしれませんが」

A受刑者は、なぜ自分は性犯罪を繰り返してしまったのか、どうすれば再犯をしないのか、どのように罪を償えばいいのか、自分なりに考え続けているという。

後述するが、海外では性犯罪者に対して、出所後にGPS機能がついた機器をつけることを義務づける動きもある。あるいは、ホルモン剤を投与して、精神安定をはかるという取り組みもある。

実際に罪を犯した者として、出所後をどのようにイメージしているのか。また、こうした対策についてどう思うかもA受刑者に聞いてみた。自分はまだ罪を償っている段階で、具体的に想像することはできないと断りをいれた上で、次のように返信してきた。

「GPSにしても、監視にしても、それで再犯が減るならばやっていただきたいと思います。人権の問題はあるかもしれませんが、自分はそれを主張する立場にはありません。出所を許されるということは、再犯をしないことが条件だと思っています」

第2章 性犯罪者の特徴

「他人を支配したかった」

待ち合わせ場所に現れた男性は、背は高く表情は明るかった。はきはきとした言葉で理路整然と話す様子は自信にあふれ、過去に性犯罪を行った人物とは思えなかった。

強姦とのぞきで4年の懲役刑に服したB元受刑者は30代。妻子もおり、地方で小さな会社を経営している。表情が明るく、自信にあふれているように見えるのは、刑務所を出てもなお家族が支えてくれ、収入が安定しているからだろう。

しかし、何の不満も抱えていないように見える彼が、なぜ強姦を行ったのか。

「今振り返れば、自分は強い男なんだと確認したかったのだと思います。被害者の方には大変申し訳ないですが、他の人をコントロールしたい、支配したい、そういう気持ちから犯行に及んだと、自分では分析しています」

他人を支配したいという願望は、普段の生活からB元受刑者の中にあったという。

会社の中では、経営者として、営業成績が思わしくない部下を叱りつけ、ときには顧客とも激しく言い合いをしていた。家庭では、妻に対し常に高圧的に振る舞うなど亭主関白で通していた。子育ては全て妻に任せ、自分は友人知人と飲み歩き、土日は趣味のゴルフ三昧という、好き放題の毎日を過ごしていた。

妻だけでなく、女性全般を見下す傾向が強かったと振り返る。会社の女性社員に対しても、容赦なく叱りつけていた。B元受刑者は、「男は強くあらねばならない」「女性に対しては何をしてもよい」という感覚をもっていたという。

酒を飲んで酔っぱらって夜道を歩いているときに、ふと、のぞきをしてみようと思ったのが、全ての始まりだった。「強くありたい」という思いが、日々の生活の中でどうも満たされていないと感じたときだった。

最初の犯行である「のぞき」はおそるおそるであったが、B元受刑者はとりあえず目的を達した。自分の性的な欲求を満足させるというよりも、「他人を支配したい」という思いが動機になっていたという。

「なぜ他人を支配することが、のぞきにつながるのか、わかりにくいでしょうね。私がのぞいていることに、相手の女性は全く気づいていません。それでいて、見られたくないものを私に見られているわけです。つまり私は、その女性を完全に自分のコントロール下においていることになります」

のぞきを重ねるたびに、B元受刑者の中で、自分は強い男だ、何でもできる男だ、という思いが強くなっていった。第1章で見た、A受刑者の「犯行がエスカレートしていくにつれて、自分がレベルアップしていく感覚」と通じるものがあるように思える。

そして、B元受刑者は、強姦という最悪の性犯罪に手を染めてしまう。

背景には「父のようになりたい」

「人を思うようにコントロールしたいという願望は、男性が相手だと、力が強いわけでもない私にはかなえられません。ところが女性が相手ならば、力で押さえ込めると考えていました」

のぞきを重ねたB元受刑者は、次第に女性を襲ってみようと考えるようになったという。

夜に酒を飲んでは、一人でフラフラと徘徊《はいかい》し、薄暗くて人通りが少ない犯行に適した場所を探すようになった。のちにも何人かの証言が出てくるが、酒を飲んだ状態で性犯罪に及ぶケースは少なくない。酔っぱらって自分の気持ちを大きくし、犯行のチャンスをうかがいながら、徘徊を続けたのだ。

B元受刑者にとって、家族がいることは歯止めにはならなかった。仮に捕まったら自分が刑務所に行けばいい、というくらいの考えで、家族に迷惑がかかることなど想像もしなかったという。

そして、ある晩、いつものように酒を飲み、何時間か徘徊したB元受刑者は、今がチャンスだと帰宅途中だった一人の女性の後をつけた。そして、あらかじめ目星をつけてあった場所で襲いかかって強姦し、逃げた。

「ところが、犯行の後、私が求めていた『相手をコントロールした』という感覚は、全くありませんでした。むしろ、大変なことをしてしまった、と怖くなりました」

被害者の女性に対して、本当に申し訳ないことをしたとも思ったという。だが、そのことに気づいたのは、犯行の後。すでに取り返しのつかない状態となっていた。

B元受刑者は、いつ警察がやってくるのかと、怯《おび》えながら日々を送った。

一方で、自分の思い通りにならない生活にイラつき、荒れた。会社では部下に、家では妻に、ますます高圧的にあたるようになった。

そして、犯行から3カ月後、逮捕された。被害者の女性の証言から、加害者の人相や服装などが割り出され、近所に住むB元受刑者だと特定されたのだ。警察は犯行現場の周辺住民をしらみつぶしに調べたという。

どこで自分は間違えてしまったのか。刑務所で服役中、B元受刑者は自分の人生を振り返り続けた。そして、辿り着いたのが、強権的だった父の存在だった。

現在B元受刑者が経営する会社の創業者である父は、社員にも家族にも常に厳しかった。ときには、酒を飲んで気に入らないことがあると、妻（B元受刑者の母）をなぐりつけることもあった。それでも父は会社の経営者として、いつも周囲から尊敬されていた。B元受刑者は、そんな父の姿に憧れた。父のようになりたいと思った。

ところが、それが性犯罪というゆがんだ方向に出てしまったのだ。

「人のせいにするつもりはありませんが、こうなった背景には父の存在があると思います。強権的な父に憧れて、自分も他人を支配したいという誤った考えをもっていました。でも、これからは妻ともいろいろと話し合いながら生活していこうと思います」

パートナーに恵まれない男なのか？

ここまでに登場したA受刑者も、B元受刑者も、いずれも結婚し、社会的にそれなりの地位となる職業についていた。いわば「ごく普通」の男たちであるといえる。

性犯罪者となる人物には、何か特徴的な性格や気質があるのだろうか。

あるデータ分析によって、「普通の人と変わらない人物像」であることがわかっている。

科学警察研究所の内山絢子《うちやまあやこ》主任研究官（当時）が、平成9年から翌年にかけて545人の加害者（強姦・強制わいせつ）に対して行った調査「性犯罪の被害者の被害実態と加害者の社会的背景」である。

内山主任研究官は、性犯罪者の結婚の有無や職業などの社会属性や生育歴に、一般の人と異なる傾向があるのか、分析している。まず職業については、以下のような結果だった。

会社員……24・5%　肉体労働者……24・5%
学生……14・6%　自営業……6・3%
無職……18・4%　その他……11・5%

加害者が20歳以上の成人だった場合の婚姻関係について、強姦と強制わいせつに分けて見てみる。

	強姦	強制わいせつ
結婚	23・7%	38・0%
同棲・同居	9・6%	5・8%
離婚	11・4%	7・7%
未婚	53・0%	45・7%
その他・不明	2・3%	2・8%

強姦犯の未婚者の割合がやや高いが、こうした職業や婚姻関係からは、「性犯罪者に固有な特異性を見出すのは難しい」と内山主任研究官は述べている。

一方で生育歴からは、性犯罪に至る背景が少しずつだが見えてくる。たとえば、少年の強姦加害者では、実父母との離別・死別の割合が40・3%にのぼり、特に「父子家庭が比較的多い」と言う。

親から暴力を受けていたか、放任されていたか、などについても調べたところ、かわいがられることなく無関心に育てられた者が16・5%、否定的な態度だけを受けて生育した者が25・7%にのぼった。家庭環境が要因の一つとなっていることがうかがえる。

しかし、ここで気をつけなければいけないのは、性犯罪者の60%近くは、「両親からかわいがられて生育している」という点だ。生育歴によって必ずしも全ての性犯罪を説明することはできないのである。

性犯罪者の特徴は「毛穴が詰まった感じ」

西日本で活動しているベテランの保護司H氏は、刑務所での服役を終え、社会に戻ってきた性犯罪者の面倒を数多く見てきた。地元では熱心に活動する保護司の一人として、有名な存在だ。そのH氏に取材をしたところ、性犯罪者のことを、一風変わった表現で形容した。

「彼らは、毛穴が詰まっている感じがします。内向的という意味ではありません。身だしなみを小ぎれいにしていたりして一見普通なのに、周囲とは打ち解けようとしない、薄い膜のようなものが彼らの体全体を覆っている。うまく表現できないですが、まさに〝毛穴が詰まっている〟のです」

保護司とは、保護観察下にある犯罪や非行をした人たちの就職などの生活支援をしたり、困りごとの相談に乗ったりする民間のボランティアのことである。H氏と夫人はともに元教師で、退職後に地元で保護司として活動を始めた。以来、15年近く様々な元受刑者の社会復帰を支援してきた。折に触れて自宅に招いて面接をしたり、バーベキューをしたりするなどの交流会を開催することで、元受刑者たちと打ち解け、心を開かせることに腐心している。彼らに社会での居場所を提供し、再犯に至らないようにするためだ。

ところが性犯罪者だけは、そうした方法をとっても、なかなか打ち解けることができないという。他の犯罪者とは何かが違う、とH氏は考えている。その違いを形容するのが、「毛穴が詰まっている」という言葉だ。

そんな状態のまま社会に溶け込めず、孤立したり自暴自棄になったりして、再び性犯罪を繰り返してしまうことをH氏は恐れている。

　そこでH氏が考えたのが、一緒に体を動かすことだった。

　保護司は対象者との面接を毎月1回行うことになっている。通常、H氏は自宅に招いて、椅子やソファーなどに座って行っている。それを、性犯罪者に対しては、そうした室内での面接だけでなく、街中を散歩したり自転車でサイクリングしたりしながら話すなど、時間をかけて会話することにしたのだ。

　すると、近況などを尋ねるH氏の質問に対して、初めは教科書通りの回答しかしなかった性犯罪者たちが、変化していった。最近の出来事などを、H氏が質問しなくても自分から話すようになり、会話が生き生きとしたものになったという。

「まさに毛穴が開いてきたのだと思います。そうなると、仕事探しやその後の職場での人間関係もうまくいくことが多いように思えます。とにかく彼らの毛穴を開かせることが大事だと、私は思っています」

「1日8時間は性的妄想」

　刑務所を出所した性犯罪者の多くは、「自分はまた性犯罪をしてしまうのではないか」という再犯のリスクに怯えながら、ひっそりと暮らしている。

仮釈放となってから2年というC元受刑者は、見た目はどこにでもいそうな30代の男性だった。髪にはパーマをかけ、糊のきいたワイシャツを着て、小ぎれいな恰好で現れた。強制わいせつを繰り返し、懲役6年の刑に服していたようには見えない。ただ、先の保護司H氏の言葉を借りれば、「毛穴が詰まったような感じ」は確かにある。

「正直に言うと、また性犯罪を繰り返してしまうのではないか、と常に不安な状態で暮らしています。1日24時間のうち、8時間は働いていて、8時間は寝ている。とすると、残りの8時間はずっと性的なことを考えてしまうのです」

終始一貫して、やや伏し目がちに話していた。社会に居場所を見つけられないでいる状況を如実に物語っていた。

仮釈放となり、刑務所を出てから数日間は、見るもの聞くものに体が異常反応したという。道を歩けば、スピードを出して走り去る車が怖かった。夜、コンビニエンスストアの照明が異様にまぶしく感じた。女性とすれ違うと、動悸がした。6年ぶりに戻った社会は、何もかもが違って見えた。

家族との関係もすっかり変わってしまった。逮捕前に一人暮らしをしていたアパートは引き払ってしまったため、両親の暮らす実家に同居することになった。ところが、母親は息子とどう向き合ったらいいかわからず、いつもそわそわし、また何かしでかすのではないかと怯えているのが手にとるようにわかった。

「出かけようとすると、〝え？　どこで何をするの？〟と聞かれました。明らかに不信の目で見られていました。やはり女性として、僕がやったことを信じられなかったのでしょうね」

実家にいづらくなったC元受刑者は、必死になって仕事を見つけ、両親のもとを離れて、一人暮らしをするようになった。「もう家族には頼らず、自分の力で生きていこう」と決意したのだった。

ところが、自分の時間・自分の空間ができたことで、性的なものを求める感情がC元受刑者の心を再び占めていった。仕事をしているときと寝ているとき以外は、一度そのことを考え始めると止められなくなってしまうという。頭の中が性的な妄想でいっぱいになり、いかがわしい動画サイトを見たり、マスターベーションをしたり、風俗店に行ったりして、「性犯罪に結びつかずに、何とか毎日を乗り切っているという状態です」と言う。

性的なことを考えるきっかけは様々だ。職場で仕事上の失敗をして、落ち込んだ状態でアパートに帰ったときだったり、自分は犯罪者でこれからどう生きていけばいいのか考え、投げやりな気分になったときだったりする。

職場の同僚には、性犯罪の前科があることを話してはいないが、心を開いて何でも話せるような仲間もいない。ちょっとした言葉遣いなどで、自分がさげすまれているような感覚に陥ったときも危ない。

「結局、この状態から抜け出す方法を身につけずに社会に戻ってきてしまった。毎日ひやひやしながら生きていくなら、むしろ刑務所にい続けていたほうが、平穏に過ごせていたのではないかとすら思います」

前科がばれる恐怖

仮釈放から2年、C元受刑者は、何度も仕事を替わり、経済的な不安にさらされ続けている。性犯罪者が社会復帰した後の経済的な不安は、再犯のリスクと裏表の関係にある。

C元受刑者は出所した直後、親戚が経営する小さな会社で事務員として働いていた。両親の口利きによる就職で、性犯罪の前科があることを承知で雇ってくれたのだった。しかし、実家を出ることになるのと同時に、その仕事も辞めざるを得なくなった。

まず頼ったのは、雇用保険だった。6カ月以上雇用されていれば対象になるという条件をぎりぎり満たし、月十数万円の支給を受けることができた。支給を受けている間に、ハローワークに通ったり、アルバイトの情報誌を見たりするなど、あらゆる手を使って働き口を探した。

そのかいあって、飲食業のチェーン店でアルバイトを見つけることができた。前科者であることは上司にも同僚にも言わず、黙々と働いた。

だが結局、数カ月で辞めざるを得なくなった。高校時代の同級生が、そのチェーン店の本部で社員として働いていて、たまたま店にやってきたのだ。同級生は、C元受刑者が性犯罪によって刑務所で服役していたことを知っていた。そしてある日、C元受刑者を居酒屋に誘った。

「お前、刑務所にいたんだろ？」

「犯行のとき、どんな気持ちだったんだ？」

C元受刑者は、自分の過去を知っている人間が近くにいたという事実に打ちのめされた。しかも、それだけではない。興味本位の質問を浴びせられ、心が折れたという。同級生が店の他のアルバイトに、C元受刑者の前歴を教えてしまうのではないかとも思った。そうなると、店にいづらくなる。

その日以来、店に出勤しても、「周囲が自分に前科があることをすでに知っているのではないか」とびくびくするようになった。自然と仕事にも身が入らなくなる。

疑心暗鬼になり、自分で自分を追い詰めた。そして一人になると、以前にも増して、性的なことを考えるようになった。そんな不安な状況に耐えられず、数カ月後に自分から店を辞めることになった。

「収入がなくなるというのは、最も恐ろしいことです。今ある、ぎりぎりの金で生活していかないといけない。この先、どう生きていけばいいのか。そうすると、性的思考に歯止めがかからなくなる」

しばらくして、新しい仕事が見つかった。食品製造業の工場でのアルバイトだった。しかし、ここでも「自分のことを知っている人間がいるのではないか」という不安から抜け出せなかった。

そんなある日、更衣室のロッカーで盗難騒ぎが起きた。財布が盗まれたのだった。

C元受刑者は、自分が盗んだわけでもないのに、「自分が疑われるのではないか」と不安に陥った。と同時に、性的思考・性的行動はますますエスカレートしていった。そして、勤務態度が豹変したことに気づいた上司に呼び出された。

「お前、最近、何か悩みでもあるのか？」

問いかけてきた上司の口調はやわらかく、普段と変わらない感じだった。C元受刑者は、少しほっとした。少なくとも上司は、自分の前科に気づいていないと思えたからだ。

もちろん確証はない。でも、まだ望みはある。働き続けることができれば、再犯のリスクは抑えることができると思った。

FXにはまり、失敗すると性的妄想

将来への見通しが不透明ななか、C元受刑者が選んだのは「投資」だった。

性犯罪で逮捕される前に、サラリーマンとして働いていた時代のわずかな蓄えがあった。これを、株やＦＸ（外国為替証拠金取引）に投じたのだった。

家族にも頼ることができない。C元受刑者は実家を飛び出す際に、両親とは経済的援助も含めて交流を断とうと考えていた。しかし、アルバイト先も前科がばれて、いつまたいられなくなるかわからない。投資によって自分の生活を維持しようと考えたのだ。

仕事が終わって、アパートに一人でいる間、パソコン画面と向き合い、市場の動向を見つめる。常に変動する相場を追っている間は、過去の性犯罪についても性的思考も、忘れることができた。ときには寝る時間を削って、朝方まで、相場の動向を追い続けることもあった。そんな日は、「1日に8時間」という性的思考に陥る時間は減るようになっていった。

特にのめり込んでいるのは、ＦＸだ。レバレッジと呼ばれる倍率を利用すれば、たとえば倍率が5倍ならば、１００万円の資金で５００万円分の取引ができる。ちょっとした値動きがあれば、1日で10万円や20万円の利益を得ることもあるという。日々あくせく働いても手にできないような大金が、パソコンとにらめっこし、クリックするだけで、転がり込んでくるのだ。

「とりあえず、40歳になるまでは、金を追いかけようと思っています。将来的に食べたり、住んだり、基本的な生活に困らないような条件を築き上げたい」

ところが、バラ色の未来は簡単にはやってこない。

FX取引では、簡単に数十万円の利益が得られる一方で、あっという間に数十万円の損失を出してしまうこともある。

C元受刑者の場合、投資に失敗することで、性的思考のスイッチが入ってしまい、結局、しばらく抜け出せなくなることがあるという。

「人間関係がうまくいかなくなったときと同じように、投資がうまくいかなくなったときなど、何か自分の思い通りにいかないことが出てくると、性的なことを考えてしまう。この感情とどうつき合っていけばよいのか、日々考えています」

しかし、ここまで客観的に自己分析ができるのに、なぜ性犯罪にのめり込んでいったのか。そう質問すると、あくまでもこれは自分についての分析だと断った上で、C元受刑者はこう言った。

「自分のことを客観的に分析できる人間だからこそ、抜け出せないのだと思います。自分はもっとできる人間のはずだ、もっとちゃんとした生活ができるはずだ、という思いが自分を支配しています。現実には思い通りにならないことばかりで、そのギャップをどうにも解消できなくて、性犯罪に向かってしまうのではないかと思います」

「やめられない自分」を止めるために自殺

性犯罪者の中には、自分で犯行をやめたいと思っていても、C元受刑者のように、その感情をコントロールできずに苦しんでいるケースが少なくない。なかには最悪の場合、やめたいと思いながら次の犯行に突き進んでしまう者もいる。そして、自分で制御しきれない感情に苦しみ悶え、自殺に至るケースもある。

これは、ある医療関係者から聞いた話だ。

子ども相手の性犯罪を繰り返して逮捕され、服役したという30代の男Gが、「性犯罪者に再びならないようにして欲しい」とカウンセリングを受けていた。逮捕をきっかけに家族からも見放されたGは、一人暮らしだった。アパートの部屋にいると、性的な妄想が勝手に膨らんでしまい、いくら打ち消そうと思っても、それができないと語っていたという。

Gは自身は、真面目に更生し、普通の生活に戻りたいと思いながらも、そうできずにいることに悩み、その医療関係者のもとを訪れたのだった。

「本当に苦しんでいるようでした。Gは、自分を止めるには死ぬしかない、と言っていました。自分で自分をコントロールできず、気がつかないうちに再犯をしてしまうのではないか、と常に恐れているようでした」

カウンセリングは週に1回だった。Gは遅刻することもなく通院し続けた。

しばらくすると、「他の性犯罪者も同じことで困っているようです」と語ったという。インターネットを通じ、性犯罪で服役したことのある何人かと知り合いになったのだった。メールを通じたやりとりで、「自分を止められない」ことを打ち明け合っていた。自分だけの問題ではないことを知って、少し楽になったようだった。

しかし、カウンセリングを続けても、Gの性的妄想は止まらなかった。

医療関係者のアドバイスを受けて、スポーツなどで気晴らしをすることや、夜一人で出歩かないことや、飲酒をしないなど、再犯のリスクを下げるために様々な試みをしていた。それでもGは、自分の再犯の可能性に怯え続け、カウンセリングの最中に「何とかならないのですか」と語気を荒らげることもあったという。

通院を始めて1年がたった頃、遅刻することのなかったGが、初めて約束の時間になっても現れなかった。遅刻やキャンセルの連絡もなかった。医療関係者は、Gの携帯電話に連絡を入れたが留守番電話に切り替わり、返信もなかった。直感的に、何かあったのでは、と思ったという。

1週間後、警察から連絡があり、Gが自殺したことを知らされた。自宅で首を吊り、遺書はなかった。医療関係者は取材の最後にこう語った。

「Gは、自分を止められない苦しみに耐えられず、命を絶ったのだと思います。Gの自殺は性犯罪を考える上で、とても大きな問題を投げかけています。どうすれば犯行を繰り返すような常習性のある性犯罪者を、根本的に治療することができるのか。これは非常に難しい問題ですが、何かしらの対策をとるべきです」

痴漢で「スキルアップ」

性犯罪を成功させることで高揚感を得て、次の犯罪へとのめり込んでいく傾向は、性犯罪者に多く見られる。性犯罪の加害者を対象にカウンセリングをしている専門家によると、「痴漢でも、成功するたびに自分がスキルアップしている感覚になり、やめられなくなるという例が多い」ということだった。

何度か痴漢行為を繰り返しているうちに、もっと「リスクの高い場所、成功するのが難しい場所」でやってみたいと思うようになるというのだ。

専門家がその例として挙げたのが、埼玉県と東京都を結ぶ埼京線を舞台とする痴漢だった。埼京線には防犯カメラが設置されており、私服警官が乗車しているともいわれ、監視が強められている路線だ。

埼京線はもともと2000年代から、中央線と一、二を争う痴漢の多発が指摘されてきた。通勤時間帯の混雑が激しい上に、駅間も長いことが、その理由だと考えられていた。特に、上り列車の最後尾車両で多発していた。主要駅ホームでの連絡階段が最後尾車両付近にあるため、そこに乗客が集中し、混雑度合いが増す。痴漢の温床となりやすいのだ。

そこで2010年4月、JR東日本は、上り列車の最後尾車両に防犯カメラを設置すると発表した。1つの車両に左右4カ所ずつあるドアのうち、大宮寄りの4カ所付近を監視する目的で、4台のカメラが取りつけられた。同社が保有する32編成の全てが対象だった。

その他にも、女性専用車両の導入も行われ、痴漢の件数は減っていった。

ところが、件《くだん》の専門家によれば、監視が強められた場所を選んで「わざわざ」痴漢をしようとする性犯罪者もいるという。そうした性犯罪者へのカウンセリングは、困難を極めると指摘する。

「条件が厳しい場所で痴漢を成功させることによって、自分はすごい人間なのだという感覚を得たいのでしょう。常習的に痴漢を行っているなかで、さらなる充実感を求めていくのです。この段階まで来た性犯罪者は、逮捕されるまで犯罪行為をやめられないのです」

2011年に警察庁が発表した「電車内の痴漢防止に関わる研究会の報告書」には、電車内の痴漢行為によって検挙・送致された219人への調査結果が記載されている。痴漢を行った路線については、以下のような回答が得られた。

通勤・通学の路線　147人（67・1％）
たまたま乗車した路線　49人（22・4％）
痴漢をやりやすいと情報を得ていた路線　7人（3・2％）

専門家は、性犯罪者の「たまたま」という説明には注意が必要だ、と指摘する。

「痴漢常習者の中には、その路線に〝たまたま〟乗車したと弁明するケースが少なくありません。犯行は計画的ではなかったという意味です。しかし、のちにカウンセリングを通じて、実は非常に周到に準備していたと告白するのです」

「発達障害」と関係があるのか

元受刑者の社会復帰を手助けする保護司の一人に話を聞いたときだった。

「個人的な感想ですが、性犯罪者の中には、発達障害というのですか、そういう人が多い気がします。被害者が嫌がっていることに気づけなかったり、淡々と犯行のことを話したりするのが、彼らの特徴のように思います」

性犯罪と発達障害に関係があるのか。さらには、犯罪一般とこの障害に関係があるのか。臆測も含めて様々な説があるが、本当のところはわかっていないというのが現実だろう。

一方で、少年非行に対処する現場では、いくつかの事例が報告されている。『現代のエスプリ』（ぎょうせい）という心理臨床を扱う専門誌で「アスペルガー症候群」が特集され、少年鑑別所の関係者などが論考を寄せている。

大阪少年鑑別所では、2003年から2005年にかけて、広汎性発達障害や自閉性障害、アスペルガー症候群などと診断された事例が18例あった。執筆者の車谷隆宏《くるまたにたかひろ》は、なかでも、強制わいせつ（6事例）と放火（5事例）が多かったことを強調している。

アスペルガー症候群と診断された15歳の男子は、小学生の男子・女子に対して強制わいせつを繰り返し、少年鑑別所に収容された。小学生を対象にしたのは「意のままにできるから」で、「自分の行為で相手が嫌がることは気にならない」と言う。陰部ではなく、肛門や臀部に関心があり、「肛門が大きすぎたり小さすぎたりするのは困る」と平然と話したという。

大阪家庭裁判所の藤川洋子《ふじかわようこ》は、アスペルガー症候群への誤解や根拠のない不安を増大させたくはないとして、慎重に分析を進めている。

発達障害が疑われる事例には、非行そのものにいくつかの「特異性」があるという。そのうちの何点かを次に挙げる。

・無頓着な直接行為……人通りが多いところでも気にせずに犯行に及ぶ

・反復されるわいせつ行為……少女の体の特定の部位にのみ関心をもち、わいせつ行為を繰り返す
・漫画やビデオなどの細部にわたる模倣……漫画を読んで「みんなやっている」と考え、衣服やマスク、帽子などの小物まで真似をして、同じような犯行に及ぶ
・目的と方法の乖離《かいり》……関心をもった相手に、脅迫文やメールを送りつける

性行動には相手の同意が必要である。ところが性犯罪は、その同意がないところで、相手の尊厳を踏みにじる行為が行われる。藤川は、こうした事例をもとにすると、アスペルガー症候群の非行事例では、「もともと相手の合意を得ることに関心がない。つまり、〝相手の合意〟という事象を理解しない、というところに問題があったことがわかる」と述べている。

対策としては、相手がどれだけ傷つくのかを繰り返し教えるだけでは不十分で、やってはいけないことを具体的に「禁止事項」として教える必要がある。実際に家庭裁判所では、そのような取り組みが行われているという。

性犯罪と量刑

一口に性犯罪といっても、様々な罪種がある。また、その中身によって量刑の重さも異なってくる。日本の刑罰を定める基本となる刑法では、第二十二章に「わいせつ、姦淫および重婚の罪」として次のように規定されている。

強姦……暴行又は脅迫を用いて十三歳以上の女子を姦淫した者は、強姦の罪とし、三年以上の有期懲役に処する。十三歳未満の女子を姦淫した者も、同様とする。

強制わいせつ……十三歳以上の男女に対し、暴行又は脅迫を用いてわいせつな行為をした者は、六月以上十年以下の懲役に処する。十三歳未満の男女に対し、わいせつな行為をした者も、同様とする。

強姦と強制わいせつの違いは、どこにあるのか。強姦は「姦淫」をともなう＝男性器を女性器に挿入した場合であるが、強制わいせつは、そうした「姦淫」をともなわないという点にある。当然のことながら、刑法としては、強姦のほうが罪は重くなる。また、「姦淫」に及ぼうと暴行や脅迫をした時点で、強姦未遂罪が成立する。

これに加え、犯行の際に、相手を怪我させたり死に至らしめたりした場合の罪は、さらに重くなる。たとえば強制わいせつ致死傷は、次のように規定されている。

第百七十六条（強制わいせつ）若しくは第百七十八条第一項（準強制わいせつ）の罪又はこれらの罪の未遂罪を犯し、よって人を死傷させた者は、無期又は三年以上の懲役に処する。

新聞記事などをもとに調べると、無期懲役の判決を受けているのは確認できただけで年10件に及ばない程度である。ただ、殺人や強盗などの罪にも問われ、死刑判決を受けているケースもある。また刑法では、集団による強姦を別の条文によって規定している。

集団強姦……二人以上の者が現場において共同して第百七十七条又は前条第二項の罪を犯したときは、四年以上の有期懲役に処する。

集団による犯行の場合は、たとえば、被害者を押さえつける役割などで実際に自分が

「姦淫」を行わなかった場合であっても、罪に問われることがある。犯行現場に人通りがないか見張る役目でも同様である。

性犯罪に対する、こうした量刑は重いのか軽いのか。

一般市民が審理に加わる裁判員制度が2009年5月に始まってから2年後、最高裁が判決で出た量刑について、それ以前の裁判官だけでの審理のときと比較した調査結果を公表した。その内容は、裁判員制度が始まってからのほうが、重めの判決が出されているというものだった。

被害者を心身ともに激しく傷つける性犯罪に対して、社会は厳罰を求めているのだ。

性犯罪者はどんな女性を狙うのか

子どもを対象にした性犯罪者の中には「小児性愛」の者もいるが、「子どもは狙いやすい」という理由で犯行に及んでいる者も少なくない。

前述の科学警察研究所の調査では、「なぜ今回の被害者を〝被害者〟として選定したのか」を性犯罪者たちに問うている。答えは、16項目の中から複数回答を選択するという形で集計・分析された。

理由として、多かった順に次のようになっている。

警察に届け出ることはないと思った……37・2%
おとなしそうに見えた（抵抗されないと思った）……36・1%
一人で歩いている女性を選択……28・3%
警察に捕まることではないと思った……21・3%
弱そうな感じがした……15・5%

一方で、次のような項目は、上位にはならなかった。

性産業の従事者には何をしてもかまわない……0・7%
被害者が挑発的な服装をしていた……5・2%
自分の好みのタイプが通るのを待っていた……11・9%

ここから性犯罪者たちは、いかに自分の犯行がスムーズにいくか、ということを基準にして、被害者を選んでいるということがわかる。科学警察研究所の報告は、被害者が「挑発的な服装をしていた」などといった、従来からある被害者の落ち度を問うような風潮は間違いである、とまとめている。

そして、被害者を選ぶ際の、こうした性犯罪者の傾向については、研究者の間で意見がかなり一致している。小児性愛者だけが子どもを狙った性犯罪をするわけでもないし、挑発的だったり派手だったりする女性に性的衝動を駆られて性犯罪をするのでもない。むしろ、もっと計画的に被害者を選んでいるのである。

子どもの帰宅時間が最も危ない

性犯罪者は、自分に都合のよい時間帯を選んで犯行に及んでいる。

子どもが狙われる性犯罪は、小学校からの帰宅時間に集中している。逆にいえば、性犯罪者が犯行を企てようとしているその時間帯には、特に注意が必要だ。

ここで取り上げるのは、『平成18年版犯罪白書』が「年少者を狙う性犯罪の実態」として、13歳未満の子どもが被害者となった性犯罪310件を抽出して分析した結果だ。

まず犯行の手口を見てみる。310件のうち半分以上の173件が、「被害者に対して最初に何らかの言葉をかける」というものだ。成人女性への性犯罪は、有無を言わさぬ暴力的な襲撃が多いのとは対照的である。さらに、そのときの言葉かけは、どのようなものが多いのか、具体的に書かれている。

・道案内を請うもの
・着衣の乱れを注意するもの
・「かわいい猫がいる」などと動物の話題で興味を引くもの
・「有名人に会わせてあげる」「お金やお菓子をあげる」などの誘惑的言辞のもの

では、性犯罪者たちは、子どもたちを襲うにあたって、どのようにして機会をうかがっているのか。『犯罪白書』によれば、曜日別の事件数は以下のようになる。

月曜日	52件
火曜日	39件
水曜日	54件
木曜日	42件

金曜日　40件
土曜日　47件
日曜日・祝日　25件

月曜日と水曜日が多く、日曜日・祝日が少ないというのが、一つの傾向である。
犯行の時間帯別の事件数は、次の通りだ。

午前0時～6時台　4件
午前7時～11時台　36件
午後0時～午後1時台　41件
午後2時～午後3時台　109件
午後4時～午後5時台　87件
午後6時～午後11時台　19件

子どもたちが、学校などから帰宅する時間帯に多発している。パターン化され、行動の予測がつきやすいからだろう。塾などから帰宅する夕方以降の時間帯は、行動が子どもによってまちまちとなるためか、むしろ少ない。何度も触れてきたように、性犯罪者は、思いつきで衝動的に犯行に走るのではなく、周到な準備をし、執拗に機会を待ち続けるのである。こうした時間帯や曜日についてのデータは、実際に性犯罪者が犯行に至る一種の傾向を示している。この年の『犯罪白書』は、次のようにまとめている。

「犯行は平日が多く、犯行時間帯は午後2時台から4時台に集中し、犯行場所は路上が最も多かった。小学校の下校時間帯の帰宅途中で性犯罪被害に遭いやすく、年少者が一人になったときが特に危険であることがうかがわれる」

自分の性器を出す人たち

「最初は性欲の問題だと思って、性欲を紛らすために趣味のゴルフやパチンコに時間を割いていました。ところが、それでは全然止められなかったんです」

公然わいせつを何度も繰り返し、3度逮捕されたことがあるというD元受刑者は、眉間《みけん》にしわを寄せ、言葉を選びながら話し始めた。

40代のD元受刑者は、貿易関係の小さな会社に勤め、結婚もしている。そんな彼が、なぜ人前で自分の性器を見せるのか。しかも逮捕されながら、出所するとまた繰り返してしまうのだ。

今度こそ同じ罪を犯したくないと語るD元受刑者は、罪を犯す根本的な原因は、夫婦関係だったのではないかと考えている。小さな会社だったため給料があまりよくなく、妻からは頻繁にそのことを責められていた。怠けているんじゃないか、他の人はもっと多くもらっているはずだなどと詰問され、「俺だって一生懸命やっているんだ！」と言い返し、喧嘩になることが多かったという。

そのうち妻が寝た後に、アダルトビデオを見始めた。性的なことを考えると、嫌なことを忘れられた。やがて深夜に散歩と称して徘徊し、女性の姿を追い求めるようになった。最初は、特に何かしようというつもりはなかったが、ある日、何の前ぶれもなく、一線を越えてしまったという。

「今思えば、現実逃避するためだったかもしれません。犯行を実行する前、なぜか昔雑誌で読んだ記事を思い出したんです」

それは高校生のときに読んだ、ある雑誌の投稿欄だった。女性からの投書で、道を歩いていたら、すぐ横を車がゆっくりと通ったので、何の気なしに車の中に視線をやったら、下半身を露出した男が運転していて驚いた、という内容だったという。

「高校生のときの記憶が鮮明に残っているということは、自分の中で何かがひっかかっていたのだと思います」

D元受刑者から性器を見せられた女性は、悲鳴を上げて逃げ去った。ところがD元受刑者は、嫌がる女性の姿を見ても、「本当は喜んでいるはずだ」と思ったという。この「本当は喜んでいるはずだ」という感覚はのちに詳しく触れるが、〝認知のゆがみ〟の一種である。

そしてD元受刑者は、逮捕されても悪いとは思わず、同じ感覚を味わうために犯行を繰り返してしまったのだ。

1回目と2回目の逮捕時は、起訴猶予になった。警察も「もうやるなよ」と言って、性犯罪であることは妻には内緒にしてくれた。しかし、3回目の逮捕では勾留され、身元引受人となった妻に罪状を知られてしまった。

面会にやってきた妻には、過去のことも含め、全てを告白した。離婚も覚悟していたという。しかし、黙って聞いていた妻は、「今回で最後にして欲しい。立ち直って欲しい」とD元受刑者に言った。

刑務所では、再犯防止のためのプログラムを受け、自己分析の仕方を学んだ。

しかし、再犯をしてしまうかもしれないという不安は消えないという。

「自信はないです。はっきり言って不安のほうが大きいです。刑務所にいるときは、100%リスクがない状態でしたが、社会に戻ってきたら〝自由〟が多くて環境が全く違います。幸いなことに妻が支えてくれますので、話し合いながらやっていきたいと思います」

自分の性器を露出することに快感を覚える

子どもの頃から、繰り返し自分の性器を露出してきたというケースもある。

30代のE元受刑者は、公然わいせつと強制わいせつで逮捕され、2年近くの懲役刑を言い渡され、刑務所で服役した。実はそれ以前に、事件化していない性器露出を何度も繰り返していたという。

少し頬がこけていて、銀縁のメガネをかけたE元受刑者は、見た目はどこにでもいそうなおとなしいサラリーマンという風貌だ。ところが淡々と振り返り、語ったその人生は、理解に苦しむものだった。

E元受刑者が最初に性器を露出したのは、小学校5年のときだったという。夕方、下校途中だった数人の女子生徒の前に飛び出し、ズボンと下着を一緒に下ろしたという。路地に隠れて、女子生徒たちが通るタイミングを待ち構えた上での行動だった。

「いたずらという程度の認識だったと思います。なんでそんな行動をしたのか、今でもよくわかりません。でも、チャンスをうかがうために隠れていたときのドキドキした感覚や、実際に女の子たちが、きゃーっと悲鳴を上げたときに興奮したことはよく覚えています」

中学・高校時代には、他人に性器を見せることはなかった。他の生徒と同じように、勉強したり部活動に打ち込むという生活だった。

やがて大学に入学するが、家庭がそれほど裕福ではなかったため奨学金をもらい、アルバイトで小遣いを稼ぎながらの学生生活だった。講義の内容が少しずつ高度になるにつれ、勉強がだんだんと苦痛になっていった。

そして大学2年生の後期試験の後、再び性器を露出した。

語学のテストが難しく、単位を落としてしまったことがきっかけだった。前期試験でも語学でいくつかの単位がとれなかった。追試が行われたが、つけ焼き刃の勉強では及第点に達することはできなかった。このままでは進級できないのではないか、大学を中退しなければならないのではないか。E元受刑者は焦り、落ち込んだという。

「いくら頑張っても自分には無理だと思い、絶望的な気分になりました。缶ビールを買って飲みながら、夜道を徘徊していました。そのときに、小学生のときにやった〝あれ〟をまたやってやろうと思いました」

ターゲットは、仕事帰りと思われる若い女性だった。E元受刑者がズボンと下着を下ろすと、女性は凍りついたという。あわてたE元受刑者はその場から走り去り、逮捕されることもなかった。

「成功したとはいえませんが、何か達成感みたいなものはありました。俺はやったぞ、というような。今思えば、現実逃避だったのでしょうね」

しかし、現実の大学生活は何も変わっていない。E元受刑者は留年することになった。

女性に抵抗されても「喜んでいる」と思い込む

何とか大学を卒業したE元受刑者は、ある大企業に就職した。

当初は順調だったが、次第にパチンコとネットカフェにのめり込んでいった。

パチンコは、ちょっとした時間つぶしのつもりだった。ところが、たまに大当たりするようになり、元手の1万円が何倍にもなって戻ってきた。家と会社を往復するだけの単調な毎日に、新たな刺激が入り込んできた。

ネットカフェでは、缶ビールを飲みながら、インターネット上に氾濫しているアダルトサイトをのぞいて回り、違法な動画を見続けた。ときには深夜2時、3時までネットカフェで過ごしてから、帰宅することもあった。

ネットカフェに行ったのは「性的な欲求を満たすためだったのか？」と尋ねると、次のような答えが返ってきた。

「当初、自分でも性的な欲求が原因だと思っていました。しかし、振り返っていろいろ考えると、やはり、さびしかったのだと思います。ネットカフェには何十もの個室があります。そこに自分と同じように一人で過ごしている人がいると思うと、安心できました。そして、リフレッシュして家に帰ることができました。なぜまっすぐ家に帰らずネットカフェに寄っていたのかといえば、根っこにあったのは、同居していた弟との関係だと思います」

E元受刑者の弟は病弱だった。フルタイムで働くのが難しかったため、アルバイトなどで生計を立てていた。そのため経済的余裕がない両親に代わって、E元受刑者が自分のアパートに同居させて面倒を見ていた。

その弟とは口喧嘩になることが多かった。兄弟で分担を決めていた家事がちゃんとできていない、というようなささいなことから始まり、決まって「誰が世話をしていると思ってるんだ」「俺だって好きで世話になっているわけじゃない」とエスカレートしていった。

仕事が忙しくなると、毎日のようにネットカフェに通った。その帰り道に酒を飲みながら夜道を歩いていると、様々な妄想が頭をかけめぐるようになった。再び〝あれ〟をやろうという気になった。人通りの少ない道を探して徘徊し、夜に女性が一人になるタイミングを毎晩のように何時間もかけて待ち続けた。性器を露出するという犯行に及んだときは、ほとんど泥酔状態だった。

「女性に『あんた何しているのよ』と言われました。それでも、〝あんなこと言っているけれど本当は嬉しいはずだ〟と思い、女性に抱きつきました。抵抗されて騒ぎになり、逮捕されました」

ここでも、「相手の女性は喜んでいる」と思い込む、性犯罪に顕著な〝認知のゆがみ〟

がある。なぜそのように思い込むのか。「ネットカフェで一人でそういう動画を見続けていたからかもしれない」と彼は答えた。

なぜ「露出」なのか

平成23年度の公然わいせつ罪の認知件数は、2636件にのぼる。

この数字は、近年その認知件数が増えた結果だ。平成8年度に1155件で、その後もしばらくは1000件台だったのが、平成13年度に1766件、14年度には2030件と2000件を突破。さらに平成15年度には2370件と増加し続け、現在に至っている。

だが実際には、もっと多くの公然わいせつが起きている。

これまでに見た告白にもある通り、性器を露出しても、そのまま事件化されずに終わるケースが数多くあるのだ。被害届が出されないことも少なくないため、警察が捜査に乗り出すことなく、街の噂話として消えてしまうのだ。

では、なぜそれほど多くの者が、自分の性器を露出するのだろうか。

仮説の一つに、パートナーとの距離を縮めるための「求愛行動」ではないか、というものがある。

彼らは、他人が自分の性器に反応して、驚く表情などを楽しんでいる。それが性的な興奮となるため、現場でマスターベーションに及ぶ例もある。そうでなくても、犯行を計画している段階で現場をイメージしたときや、犯行後にそのときの情景を思い出したときにも、同じようにマスターベーションを行う。

もちろん、相手に驚かれるだけでなく、ばかにされることがあるかもしれない。それでも、そうやって反応してくれることが、彼らには喜びなのだ。E元受刑者の、「相手は喜んでいるはずだ」という告白からも明らかである。

しかし、それにしてもなぜ性器を露出するのか、多くの読者には疑問が残るはずだ。たくさんの性犯罪者と接している、ある臨床心理士は筆者の取材にこう答えた。

「正直言うと、性犯罪の中で公然わいせつだけは、その動機がよくわからないんです。研究としていろいろな説明はありますが、なぜそれが性器の露出につながるのかという部分は、どうしても理解できません」

のぞきの深層心理

今回の一連の取材では、のぞきを常習としている者には出会わなかった。むしろ、すでに紹介をしたA受刑者やB元受刑者の告白のように、のちに強姦や強制わいせつといった、より重い性犯罪へと至る「入り口」に、のぞきがあったというケースばかりだ。

性犯罪者は、ある日突然、強姦や強制わいせつを犯すのではないといわれる。徐々に犯罪の悪質性を高めていくのである。

一方で、のぞきだけを常習的に繰り返している犯罪者もいる。「窃視症《せっししょう》」といい、俗に「出歯亀《でばがめ》」と呼ばれている。

明治41年3月、東京で銭湯から帰宅中の女性（27歳）が殺害された。逮捕されたのは、銭湯などの女風呂を常習的にのぞき見している35歳の男だった。男は「出っ歯の亀吉」という呼び名をもつ職人で、当時の新聞が大々的に報道したため、それ以来、のぞきの常習者のことを「出歯亀」というようになったという。

のぞきは、軽犯罪法違反の犯罪である。軽犯罪法の第一条二十三号に次のような規定がある。

「正当な理由がなくて人の住居、浴場、更衣場、便所その他人が通常衣服をつけないでいるような場所をひそかにのぞき見た者」は、逮捕されれば、1日以上30日未満の期間、刑事施設に拘留、または、1000円以上、1万円以下の科料が科せられることになる。

ただ、のぞきをする際に、他人の住居に侵入した場合は、刑法で罰せられることになる。刑法百三十条で規定される住居侵入罪だ。3年以下の懲役または10万円以下の罰金刑が科せられることになる。

なぜ、のぞきを常習的に行ってしまう性犯罪者がいるのか。常習性のある人は、誤った〝神話〟に支配されている。犯罪心理学者たちが共同でまとめた『性犯罪の行動科学』（田口真二・平伸二・池田稔・桐生正幸編著、北大路書房）には、そう書いてある。〝神話〟は、4つある。

1　のぞいても被害はない。相手は傷ついていない（被害の否定）
2　のぞかれる人が悪い。中が見えるような建物が悪い（責任の否定）
3　女性はのぞかれたいと思っている（女性行動の誤認）
4　ミニスカートをはく女性は性的にふしだらだ（女性性欲の誤認）

のぞきが1回で終わればまだよいのだが、次第にエスカレートしていくことで常習性をおびる。1回目の犯罪の成功体験が、他では得られない興奮（必ずしも性的なものではない）を彼らに与える。そして、新たな興奮を求めて、犯行を繰り返す。第1章で見たように、「反社会的行動」をしているということによって、犯行そのものの興奮はますます増すのである。最初は、たとえば公道からののぞきだったのが、住居侵入をした上でののぞきへと、より大胆になっていく。そして、結局は逮捕されるのだ。

性犯罪者は「前科・前歴あり」が多い

性犯罪者の多くは、それ以外の犯罪も行っていることが多い。

今回の取材で話を聞くことができた性犯罪者は、住居侵入など性犯罪に関連するものは除いて、性犯罪だけを繰り返してきたケースばかりだった。だが、統計を見ると、性犯罪以外に他の犯罪も行っているケースが少なくないのだ。

前出『性犯罪の行動科学』では、強姦や強制わいせつで検挙された被疑者の前科や前歴を調べている。なお、前科は、過去に何らかの罪で有罪の判決を受けていることを意味し、前歴とは、有罪判決を受けた場合だけでなく、過去に警察などから被疑者として捜査を受けたことがあるが不起訴処分になったりしたケースも含められている。

２００８年に検挙された加害者のうち、何らかの前科や前歴がある人物のデータは次のようになる。

【強姦】

何らかの前科・前歴あり　56・3％
何らかの前科あり　41・0％
強姦の前科あり　10・2％

【強制わいせつ】

何らかの前科・前歴あり　44・6％
何らかの前科あり　31・6％
強制わいせつの前科あり　10・9％

同書の分析によれば、こうした傾向は強姦・強制わいせつともに、2004年から2008年までほぼ一貫している。

「性犯罪者のほとんどは、性犯罪だけを繰り返しているわけではない」というのが同書のまとめである。

なぜそのようなことが起きるのか。一つの犯罪を成功させることで、さらに次の犯罪に向かってしまい、それが次第にエスカレートしていく。そうした「負のスパイラル」の傾向が、犯罪を重ねてしまう背景にあるのではないだろうか。

集団による性暴力を繰り返した早大のイベントサークル

本書でこれまで取り上げてきたのは、単独犯による性犯罪ばかりだ。だが、実際には集団による犯行も数多く起きている。

集団強姦は刑法百七十八条に規定されている。すでに見たように、単独犯が「懲役三年以上」であるのに対して、集団強姦は「四年以上」である。これは集団強姦が単独犯による性犯罪よりも悪質であるため、重く処罰するべきだという声を受けて、平成16年に新たに設けられた規定なのだ。

きっかけとなったのは、早稲田大学のイベントサークル「スーパーフリー」による複数の性犯罪である。

スーパーフリーは、1982年に創設されたサークルで、イベントや飲み会などを通じて、「友達を増やす場」を提供するというのが活動目的だった。1980年代後半のバブル期、こうしたイベントサークルは人気を集め、活動は他大学の学生も巻き込んで広がっていった。ホームページも開設されるなど、当時はちょっとした話題のサークルだった。

集団強姦が行われるようになったのは、2000年前後といわれている。イベントや飲み会に参加した女性を泥酔させ、複数のメンバーで犯行に及ぶ。当時の週刊誌報道によると、その被害者は400人にのぼるとされている。しかし実際に起訴され、事件化したのは次の3件だけである。

・2001年12月……豊島区内のマンションで開かれた鍋パーティで泥酔した女性を3人で輪姦

・2003年4月……港区内の居酒屋で行われた飲み会で、女性を泥酔させ13人で輪姦。犯行は1時間半にわたった

・2003年5月……港区内の居酒屋で行われた飲み会で、女子大学生を泥酔させ5人で輪姦

あらかじめ準備していたアルコール度数の高い飲料を計画的に飲ませて女性を泥酔させ

た上で、犯人たちは犯行を実行した。ときには、被害女性が吐いた汚物があたりに散らばり、こん睡状態となって全く反応しなくなっても、犯行が続けられたという（小野登志郎『ドリーム・キャンパス』太田出版）。

悪行が発覚したのは、3件目の事件の被害者が被害届を出したためだ。裁判によって、スーパーフリーの代表だった男には懲役14年の実刑判決が下った。その他のメンバーには最長で懲役10年が言い渡された。

集団で犯行に及ぶ性犯罪者の特徴

研究では、集団犯の加害者には「外向的な人物」が多いことが明らかになっている。

法務総合研究所が1970年代に性犯罪者168人に対して行った調査によると、集団で性犯罪に及ぶ者たちは、単独犯に比べて性格や人格に偏りが少なく、日常生活も安定している傾向があり、逮捕以前の前科がある者も少なかった。「群集心理」によって、心理的な抑制を失い、犯罪へ向かっているのではないかと分析している。

心理学者のフィリップ・ジンバルドは、こうした集団の心理を「没個性化」という言葉で説明している。ジンバルドによれば、善良な人々であっても、没個性化によって、大量虐殺や集団リンチなどの残虐行為に「集団で」突き進んでしまうという。

その没個性化とは、いくつかの要因が連鎖することでもたらされる。
・匿名性……他にも多くのメンバーが参加していることから、自分は「匿名」であるという感覚に陥る
・責任の拡散／分散……集団の一部となることで、自分は「個人」として特定されないと思い込み、自分の行動に対する責任感、罪や恥の意識を失う
・興奮状態……エスカレートする暴力という非日常の体験に興奮していく。さらに、それが周囲にも感染していく
集団強姦の性犯罪者たちには他にも特徴がある。

刑務所に入るときに初入所である者、つまり前科がない者が多いというのだ。また、出所後に同じような集団強姦を再犯する率は０％であるという統計結果もある（『平成18年版犯罪白書』）。さらに、30歳未満の加害者が多いという。

これは初犯のときには集団心理で〝盛り上がって〟犯行に至り、逮捕後は、グループが

解体するなどして、再犯へつながる環境が排除されているからではないかと思われる。

取材した実感としては、単独犯の性犯罪に比べて、集団による性犯罪の研究や分析は、それほど進んでいないように思える。一日も早い解明を望んでやまない。

ネットがもたらす新たな恐怖

性犯罪者の多くは、インターネットを利用している。それは第1章のA受刑者のように、狙いをつけた相手の行動パターンを把握するためだけではない。

２０１３年４月、ＪＲ和歌山線の車内で、痴漢をした20代の男が逮捕されたという記事が新聞各紙の社会面に掲載された。

各紙とも比較的大きな扱いだったのは、この男がインターネットのある掲示板を見て、犯行を実行したと供述したためだ。

男は、事件前に掲示板の「私を痴漢してくれませんか」という書き込みを見たという。書き込みは、電車に乗る日付や時間帯だけでなく、何両目の車両に乗るかも書かれ、「服装は当日にまた連絡します」といった詳細なものだった。

当日の朝になると、どんな服装をして、どこの座席に座っているのかなど掲示板への書き込みは、詳細かつリアルタイムで続いた。そして、その書き込みにしたがって、20代の男はJRの車両に乗り込み、狙いをつけた女性の下半身などを触り、和歌山県警に現行犯逮捕されたのだった。

さらに当時の記事には、痴漢をしたのはこの男だけではなく他にもいて、女性が「やめて」と反抗したところ、電車を降りていった人物もいると書かれているものもある。

驚いたのは被害女性のほうだろう。身に覚えもない書き込みでターゲットとなり、被害に遭ってしまったのだ。

あまり多くは報じられていないが、ある新聞によれば、この書き込みが行われた掲示板は、「痴漢をしたい人と痴漢をされたい人が出会う掲示板」という内容のものだったという。いわば痴漢の交流サイトといえるだろう。

逮捕された男は、被害者本人が書き込んだものだと思い込んでいたため、「合意」の上での痴漢行為なので犯罪ではないと思っていたと供述した。実際に被害女性が抵抗し、別の人物が立ち去った後も、痴漢行為をやめなかったという。

警察は、被害女性の行動パターンなどを熟知している人物による嘘の書き込みではないかとみて、捜査を続けていた。掲示板では「逮捕者が出ました」などという書き込みが相次いだ。

そして事件の2カ月後、和歌山県内に住む40代の男が被害女性になりすまして、掲示板への書き込みを行っていたことが判明した。

自分の知らないところで、他人同士がインターネットを通じて性犯罪の計画を着々と進めていく。ネット社会の性犯罪ならではの新たな恐怖である。

一方、ネットの書き込みを見て痴漢をした20代の男は、処分保留で釈放されたと報じられている。逮捕からおよそ1カ月後のことだった。

万引きで「スキルアップ」

性犯罪者の中には、犯行を重ねるなかで「自分がスキルアップしている」感覚を抱く者が少なくない。こうした傾向を理解するため、以下では、いくつか他の罪状の犯罪者についても見ておきたい。

まず、万引きを繰り返す者たち。彼らの中にも「自分がスキルアップしている」「自分はできる人間だ」ということを確認している人たちがいる。

クレプトマニアと呼ばれ、日本語では「窃盗症」と訳されている。万引きを実行している最中に緊張感・スリルを味わい、成功すれば達成感や充実感を味わうことで、その後も犯行を繰り返し、やめられなくなってしまうという。

自分の性欲を満たすために性犯罪を繰り返すのではないのと同じように、彼らもお金がないから万引きをするわけではない。近年は、行為そのものに「目的」がある犯罪が多くなっているのだ。

家にはスポーツカーが3台もあったり、大手企業の役員だったり、財力も社会的地位もあるにもかかわらず、そうした窃盗犯罪から抜け出せなくなってしまうのだ。これは依存症の考え方からすると、「行為依存」に分類される。

犯行を何度も繰り返すとき、彼らは何を考えているのか。実は、第1章で紹介したA受刑者の告白と驚くほど似ている。以下は、「窃盗症」をわかりやすく解説した好著『彼女たちはなぜ万引きがやめられないのか？』（竹村道夫監修・河村重実著、飛鳥新社）から引用した女性たちの声である。

5人の子どもがいながら、万引きを繰り返し懲役刑にも服している女性。

「盗むまでの緊張感と成功したときの解放感のギャップを味わうことに、知らず知らずのうちにハマっていった。ゲーム感覚だったのかもしれない。今はとても恥ずかしいと思っていますが、当時は大胆になるほどドキドキして、成功したときの達成感が大きかったです」

彼女は、専門機関での治療を受けるなかで、犯行の根底にあったのは、子ども時代からもち続けていた兄弟へのコンプレックスではないかと気づいたという。

また、思春期に学校でいじめに遭い、親族から性的ないたずらを受けたという別の女性は、こう語っている。

「私は自己評価がとても低いんです。万引きをしてタダで盗ってくると、初めて他の人と同じスタートラインに立てる気がしました。最初にマイナスのところにいるから、ズルをすることで初めて人と対等になれる気がしたんです」

万引きを繰り返す動機や犯行時の感覚は千差万別で、こうした声が全てを代表しているわけではない。それでも、性犯罪者が抱いている感覚と重なっている部分が多い。

自分が繰り返す反社会的な行為に依存し、そこに自分のアイデンティティを見出していく以外に方法がなかったと思わざるを得ない。

詐欺犯罪で「上達」

詐欺事件の加害者でも、犯行を重ねるなかで「スキルアップ」していく感覚が生まれていくケースがある。

２０１１年、嘘の投資話を見知らぬお年寄りに電話でもちかけ、関西一円で10億円余りを騙し取った詐欺グループが検挙された。20人を超える詐欺グループの一員だったＦに、大阪市内の喫茶店で会った。

「最初はたどたどしく電話していた奴が、そのうち流暢に話すようになっていった。みんな、自分の技術が上達していく感覚があった」

Ｆはピチピチの黒いＴシャツを着て、指には大きな指輪をいくつもはめていた。彼の話を聞いていると、詐欺事件でも、性犯罪と似たような加害者の精神構造が見えてくる。

詐欺の始まりは、お互いに見知らぬ20代から40代の男女がマンションに集められたことだった。フリーター風の若者や会社を辞めたばかりという中年男性など、立場はまちまちだった。

幹部の指示で、5人ずつ3グループに分かれ、配られたマニュアルを手に、たどたどしく電話をかけていったという。

その内容は、太平洋戦争中に閉鎖された金山の再開発が検討されている、今のうちにその権利を買っておけば、いずれ高値で売れて儲かるのは間違いない、というものだった。

「最初はなかなかうまくしゃべれず、騙すことはできませんでした。でも、そのうち契約がとれると、〝よっしゃ〟と大きな声を出す奴が現れました。次第に、どんどんしゃべりがうまくなって、マニュアルにない話をアドリブで交えるなど、上達していく感じがしました」

薄暗い喫茶店で、Fは特に悪びれるふうもなく、当時のことを淡々と語った。

しばらくすると、詐欺グループを取りまとめる幹部は、どのグループが何件成功したかという実績を表にして張り出すようになった。「競争が促され、営業成績を競い合う会社と同じようだった」とFは言う。

「やっているうちに自分も何百万円、何千万円とった、となっていきました。達成感があった。俺はすごいと思うようになり、どんどんエスカレートしていきました」

性犯罪者たちの言葉と同じように聞こえた。

もちろん、彼らには金銭的な見返りがある。Fは明確な金額は口にしなかったが、会社の給料のような形で受け取っていたという。〝成績〟がよいほど、その金額も大きくなる。「大金を手にした人間は服装も変わり、飲み食いする場所も変わり、人間も変わっていった」とFは言う。

現実社会で満たされなかった思いを、反社会的行為の中で充足していく。「誰かに認めてもらいたい。自分に自信をもちたい」。元はフリーターや会社を辞めたばかりだったという彼らの感情が、犯行をエスカレートさせていったのだろう。

Fは、最後にこう言った。

「俺はこんな大きな案件をとれる、こんなに稼ぐことができる、という達成感ですよね。でも、それって、会社の営業マンなんかと同じじゃないですか」

第3章 性犯罪の実態

日本の性犯罪被害者はとても多い

「会社の帰り道、駅から家に向かって歩いていたら、突然、道路脇に止まっていた車のドアが開いて、引きずり込まれました」

性暴力の被害に遭った、ある女性の講演を聞いた。

女性は引きずり込まれた車の中で、見知らぬ男たちに脅され、そして襲われた。講演では、その後、どのようにして警察に被害を届け、家族に打ち明けたのか、そして周囲の人たちはどういう反応をしたかなど、詳細に語られた。事件後、何度も「自殺しよう」と考えたという。話をしながら、女性は涙を流していた。会場からもすすり泣きが聞こえた。

性犯罪については、しばしば「自分の家族が被害に遭ったときのことを想像してみてください」と言われるが、それ以前に目の前に立って話をするその女性が、どんな思いをしてきたのかということを考えずにはいられなかった。

日本では、1年間に何千件もの性犯罪が認知されている。平成24年には、強姦が1240件、強制わいせつは7263件にも及んでいる。性犯罪は被害者が声を上げずに事件として認知されないケースも少なくないとされており、実際にはこの件数よりもさらに多くの被害者が存在していると考えられている。

　性犯罪の被害者が、その被害の実態について声を上げ始めたのは最近のことである。なかには実名を公表している人たちもいる。いずれも数十年前までは考えられなかったことだ。そして、その実態が明らかになってきた。

　性犯罪は〝魂の殺人〟ともいわれている。

　被害者は、身体的に傷を負うだけでなく、精神的にも深い痛手を負い、一生背負っていくことになる。フラッシュバックなどのＰＴＳＤ（心的外傷後ストレス障害）に悩まされるケースも少なくない。

　さらには被害を届けに行った警察での対応や、家族や友人、同僚などの不用意な一言によって、その人の尊厳が傷つけられる二次被害もある。

　本書では、被害者のそのような苦しみについて詳述はしない。というよりも、できない。加害者の言葉を伝える本書に対して、被害者の方々は同じ本の中で被害者のことを扱って欲しくないはずだと感じるからだ。

昭和33年以降、なぜ性犯罪は急増したのか

性犯罪（強姦と強制わいせつ）の認知件数を見ると、昭和33年以降、急激に増加している。終戦直後の混乱期、殺人や強盗などが急増した時期にも増えているが、その後一段落して、昭和33年に再び急増するのだ。

なぜ急増したのか。研究者の間では、「昭和33年問題」と名づけられて、様々な議論がなされてきた。性犯罪の深層を知る上で当時の議論は手掛かりとなるので、犯罪心理学者の作田明《さくたあきら》の『性犯罪の心理』（河出書房新社）をもとにまとめてみた。

作田は、強姦と強制わいせつが昭和33年に急増したことを説明する仮説は、大きく3つあるとしている。

まず、昭和33年4月に売春防止法が全面的に施行されたことが原因だとするもの。厳しい取り締まりが行われ、公然と売買春が行われていた「赤線地帯」と呼ばれる地域は、都市から消えた。赤線地帯の消滅については、溝口健二《みぞぐちけんじ》が売春婦たちの悲哀を描いた同名の映画を監督し、大ヒットするほどの大きな出来事だった。

この説のポイントは、売買春の取り締まりによって性欲を処理できなくなった者たちが、性犯罪へ向かったというところである。

実際にその後、性犯罪の認知件数は減少していくが、これは性風俗業の復活と機を同じくするとされている。作田は決して売買春を擁護するわけではないが、と断った上で、「性犯罪の抑止効果を持ち合わせていることは否定できないように思われる」としている。

現代とは社会状況が全く異なるので、同列には論じられないが、「性風俗業が性犯罪の抑止につながっているのではないか」「性欲を他へと向けられれば、性犯罪は減らすことができるはずだ」という考え方は、現在でも性犯罪をめぐる議論で見受けられる。

なお、作田は同書の別のところで、こうも書いている。

「性犯罪とは性欲が過剰な人の犯罪であるというストーリーは、（中略）特に信じられている話だが、まさに神話としかいいようがない」

このように作田は、性犯罪と性風俗業とのかかわりに触れる一方で、性犯罪を性欲の問題としてのみとらえていたのではないことを書き添えておきたい。

次に、「昭和33年問題」を説明する2つ目の仮説である。

それは昭和33年5月から、2人以上の共犯による強姦や強制わいせつについては、「親告罪」の適用が必要ないとされたことが原因だとするものだ。つまり、被害者の訴えがなくても、事件化して検挙することができるようになったのだ。検挙が容易になり、認知件数が増えたと考えられている。

3つ目の仮説は、昭和30年頃から少年の凶悪犯罪が増えており、性犯罪の急増も、凶悪犯罪全体が増加するなかでの一つにすぎない、というものだ。性犯罪被疑者の中の少年の割合を見ると、昭和26年に24・5%だったのが、昭和34年には46・1%を占めるに至っている。

では、なぜ少年の凶悪犯罪が増えたのか。背景には、急激な都市化・工業化が進むなかでの少年非行の増加などがあったのではないかという。

はたしてどれが正しいのか、今となっては解明のしようもないが、当時の議論の過程には様々なヒントが隠されている。

日本最初のプロファイリング

性犯罪の件数が激増し、高止まり傾向にあった昭和30年代、日本で最初のプロファイリング研究ともいうべきものが行われていた。

科学警察研究所の心理研究室に所属していた山岡一信が発表した「犯罪行動の形態」や「性犯罪の心理」などである。山岡は性犯罪に限らず、強盗や放火などについても、統計的なアプローチによって分析を試みている。

プロファイリングとは、過去に繰り返された性犯罪のデータをもとに、犯人はどのような人物なのか絞り込み、特定する手法のことである。犯人のプロフィールをあぶり出すという意味から、プロファイリングという言葉が使われている。

前節で、性犯罪被疑者の中の少年の割合が急増したと書いたが、山岡は昭和33年から4年間に東京都内で発生し、刑が確定した266件の強姦・強姦未遂・強制わいせつを対象に分析し、加害者は若い世代に「極端に集中している」と述べている。

加害者399人の年齢ごとの割合は次の通りである。

15〜20歳	33・3％
21〜25歳	40・1％
26〜30歳	11・5％
31〜35歳	7・5％
36〜40歳	2・5％
41歳以上	4・3％

加害者が、特に若い世代に集中している理由としては、「一般的に性的欲求が最も強いのは、この若い年齢段階に属する人々である」としつつ、「収入が低いなどの理由で合法的な性行動の遂行が妨げられている」と分析している。

一方で、社会の中には「彼らの性的欲求を刺激するものがあふれているためだ」とも分析している。山岡は、欧米で主流となりつつあった犯罪分析をもとに、「うっせきした性的衝動の爆発的表出」や「攻撃性が異常に高まり、性的行動として表出される」ことが、犯行の動機の基礎的な要因であると述べている。

ところが本書で見てきたように、現代では、性犯罪は加害者の性的欲求だけでは説明しきれないものであると考えるのが主流となってきている。当時の研究の方向性とは、大きく様変わりしているのだ。

山岡の研究の中で、注目しておくべき点もある。加害者が被害者に接触してから「害を加えるまでの時間」についての分析だ。山岡は、全ての加害者が、被害者に接触してから、すぐに犯行に移っているわけではないことに着目している。

接触から犯行まで

10分以内	43・3%
10分～30分	17・8%
30分～1時間	7・0%
1時間～2時間	5・9%
2時間以上	25・9%

2時間以上たってから犯行に及んだケースが、全体の4分の1を占めている。これについて山岡は、この時間に被害者は「脱出の機会も時間も、十分与えられていたはずである」としている。2時間もあるのに逃げ出さなかったのは、被害者の側にも犯行へと至る何らかの要因があったのではないか、というのである。

もちろん、知人・家族・親戚など顔見知りによる性犯罪は少なくない。それが、加害者と被害者の接触から犯行までの時間の長さにつながっていると考えられる。だが現在ならば、このような分析は、なかなか受け入れられないだろう。

恐怖のあまり逃げ出せなかった被害者もいるだろうし、犯行に至るとは考えもしなかった被害者もいるだろう。もちろん、山岡の研究は極めて実証的に行われているのであるが、研究の方向性の根底に、当時はまだ「被害者にも何か要因があるのではないか」という考え方があったと思われる。

時代とともに社会背景も変わり、性犯罪の加害者・被害者に対する見方も変化している。

昔は階級問題だった性犯罪

いきなり私事で恐縮だが、少年時代にテレビの時代劇をむさぼるように見ていた。

その中で、江戸幕府の重臣や大名家の幹部などが、商人の家の若い娘を、権力を笠に着て自分の思い通りに扱い、暴行を加えるという場面を何度か見た。ドラマの中では、「手《て》籠《ご》めにされた」という表現が使われていたが、「手籠めにする」という表現には、「力ずくで自由を奪い、手荒い仕打ちをすること。女性に暴力をふるうこと」などの意味がある。

ドラマの中では、士農工商という厳然たる階級社会だった当時、武士から商人の娘に対する性犯罪は裁くことができない。そのため被害者の女性は、泣き寝入りをするしかない。そんなときにヒーロー（ヒロイン）が現れて、超法規的に制裁を加えるという展開になるのである。もちろん、ドラマの内容が必ずしも真実であったとはいえない。ただ時代背景を考えれば、数百年前まで階級社会だった日本では、性犯罪が「犯罪」とならないケースも多々あったと考えられる。

商人の男が武士の娘を襲ったとしたらどうだったろうか。そうしたストーリーは筆者の記憶するテレビ時代劇の中には皆無である。映画や舞台の中では商人の男が武士の娘に恋心をよせるが、なかなか成就《じょうじゅ》しないというストーリーが見られるだけである。階級が下の者から上の者に対する性犯罪は、当然のごとく「犯罪」となったはずである。

つまり、階級社会では、性犯罪は、加害者と被害者の身分関係によって「犯罪」として扱われるかどうかが決まっていた、と推測できるのだ。

こうした状況は、何も日本だけに限ったことではない。

ジョルジュ・ヴィガレロは『強姦の歴史』（藤田真利子訳、作品社）で、フランス社会における性犯罪について、フランス革命（18世紀末）以前は、概ね次のような理解をされていたとしている。「強姦は、〝被害者〟の身分にしたがって罰せられる。また、〝加害者〟が貧しければ当然厳しく罰せられる」。フランスでも、「加害者」と「被害者」の身分の上下によって、犯罪であるかどうか、罪の重い軽いが決まっていたのだ。

さらに階級が低い者の間でも区別がなされ、日雇い労働者や小作人である男が、孤児や家畜番をするような女性を襲った場合は「やむを得ないこと」として受け止められる傾向があったという。一人ひとりの人権という概念はなく、階級の上下に基づいて、性犯罪の〝犯罪性〟が決められていたのだ。

フランスで「強姦」という言葉が使われるようになったのは、フランス革命にともなって制定された刑法からだという。しかし、長い「泣き寝入り」の時代が続く。１８３０年の認知件数は１３６件。ほとんどが表沙汰になることなく終わっていたと考えられている。

こうした状況が変化したのは、実に20世紀後半に入ってからのことだ。

１９７０年代になって「強姦」を犯罪としてとらえるようになったため、認知件数も増え、刑事罰も重くなっていった。

結局のところ、性犯罪は近年になって、ようやく「犯罪」としてとらえられるようになってきたのである。人類の長い歴史の中で、身分にとらわれることなく、一人ひとりの尊厳が重んじられるようになったのと機を同じくしているのだ。

プロファイリングで浮かび上がる犯人像

昭和30年代に、日本初のプロファイリング研究が行われていたことはすでに書いた。

日本の警察が本格的にプロファイリングを導入したのは、１９８８〜１９８９年の連続幼女誘拐殺人事件からとされている。首都圏で4～7歳の小学生の女の子が誘拐され、次々と殺害されたこの事件は記憶にある読者も多いだろう。

現職の警察関係者らが執筆した『性犯罪の行動科学』によれば、プロファイリングを行うための基礎データとなったのは、1989年8月から1990年12月までの1年余りの間に検挙された、子どもが被害者のわいせつ目的誘拐事件57件、そして同じく1990年の子どもが被害者のわいせつ事件213件だ。

その結果、浮かび上がってきた事実がある。

性犯罪の犯人の「乗り物使用の有無とおおよその年齢」の関係が見えてきた、と同書は指摘している。次に挙げるのが、その主なパターンである。

・自動車に乗って犯行を行っているのは20歳以上で、妻子持ちが多い。知的レベルが高く経済的にも中流である。精神障害者は少ない
・自転車を使って犯行に及んでいるのは、半数が少年である
・自転車を使って犯行に及んでいる者のうち、中年より高齢の場合は、精神的な障害を有することが多い

・自動車も自転車も使わず、犯行を行う際には徒歩という場合。中年より高齢の犯人は、アルコール依存症などの問題をもつ者が多い

このように犯行の際に使われる「乗り物」を手掛かりに、犯罪者のプロファイリングを行っているのだ。

1つ目の項目は、本書でこれまで取り上げてきた性犯罪者の特徴と合致している。A受刑者のように、普段は仕事をしていて家庭もあり、外見的にはごく普通の生活をしている人間が、その裏で性犯罪を行っている。A受刑者の場合は自動車ではなくて、原付バイクを利用していた。

一方で、4つ目の項目は、大量のビールを飲むなどアルコールの力を借りて犯行に至る、第2章で詳述したB元受刑者のようなタイプだ。

実際の捜査では、こうした移動手段などに見られる特性などを手掛かりの一つとして、犯人の居住地などを探っている。

犯行現場に残された痕跡は全て、犯人の特定へとつながっているのだ。

米国における性犯罪者の研究①

アメリカでは、41人の連続的性犯罪者のプロフィールを分析し、犯行の形態を手掛かりにして、犯人像を4つに分類した研究がある。その4つの分類は次の通りだ。

パワー主張型（power assertive）
パワー再確認型（power reassurance）
怒り報復型（anger retaliatory）
怒り興奮型（anger excitation）

これらの違いを端的に理解するには、「パワー型」「怒り型」に分けて、それぞれ比較しながら検討するのがわかりやすい。後続の研究などをもとに4つの分類を詳しく見ていきたい。

まずパワー主張型とパワー再確認型を見てみる。

パワー主張型の性犯罪者は、女性を支配し、犯行を通して自分が〝男らしい〟ことを誇示したいという潜在的な欲求があると考えられている。結婚していたり、ガールフレンドがいたりしており、そこで支配関係を築きながら、さらにそれ以外にも性犯罪を通して女性を支配しようとするのである。普段はスポーツカーなどのお洒落な車を乗り回し、身だしなみもきちんとしている。

また、犯行時間は夜7時から深夜1時にかけてが多いとされる。バーなどで飲みながら、ターゲットとなる女性を物色し、店を出てから犯行に及ぶ。その犯行は残忍で、被害者の衣服をはぎとり、あらゆる方法で暴力をふるう。分析によれば、一つの犯行から次の犯行に至るまでの周期は20〜25日程度だとされている。

パワー主張型の犯行の根底には、低い自己評価がある。その自己評価を打ち消すかのように、もう一人の〝強い〟自分をつくり出し、そのイメージの具体化の一つとして、性犯罪に至る。普段の日常生活ではあり得ない〝自分〟をそこでつくり上げるのだ。

では、一方のパワー再確認型はどうだろうか。

パワー主張型は、妻やガールフレンドがいるのに対して、パワー再確認型は、両親や母親と一緒に暮らし、ガールフレンドがいない独身者が多い。

パワー再確認型の犯行は、徒歩で移動する場合が多い。自宅や職場の周辺で犯行に及びやすいという傾向もあり、車などの移動手段をもっていたとしても、活動範囲は広がらないという。ターゲットとなる女性が決まれば、何日も行動を観察し、犯行のタイミングを待つことになる。犯行時間は、深夜0時から早朝5時にかけてが多い。夏の暑さなどで開け放したままの窓から侵入する。パワー再確認型の犯行では、被害者の女性に対して、自分で衣服を脱ぐように求めたり、犯行後に被害者のことを気にして家に電話をしたり、再び同じ被害者を相手に犯行に及ぼうとする。

米国における性犯罪者の研究②

怒り報復型の場合は、犯行に至る動機の根源的な部分に、女性に対する強い「怒り」があるとされている。

子ども時代に、離婚などの理由で母親との関係が引き裂かれてしまったり、母親の再婚によって新しい家族と生活せざるを得なかったりした経験をもつケースが多い。ただ逆に、母親と一緒に暮らしながら虐待を受けていたというケースも、このタイプに多いとされている。いずれにせよ、母親からの愛情に対する強い渇望感がある。

彼らは、自分を強い男と感じたがっている。普段の生活でも人づき合いがよく、集団の中でもリーダーシップをとることが多い。〝内気なオタクのような性犯罪者〟というイメージは、ここでも存在しない。むしろ、スポーツ選手のように行動的である。プロファイリングでは、結婚していたとしても、他に愛人がいることが多い。女性に受け入れられたいという願望が根底にあるからだろうか。

繰り返し犯行に至る周期は、短くても半年程度。もしくはそれよりも長いとされている。この4分類の他の3タイプと比較すれば、頻度は低いといえるだろう。

犯行の対象となるのは、自分と年齢の近い女性。年少の女性を襲うことは少ないという。常に場当たり的で、周到な計画を立てずに思いつきで犯行に至ってしまう。

4つ目の分類が、怒り興奮型と訳される、最も攻撃的で危険な性犯罪者だ。そして、最も「洗練された」性犯罪者でもある。

プロファイリングによれば、このタイプは結婚して家庭生活を営んでいることが多く、しかも普段は社交的でごく平均的な社会人のように見える。近所からは「よき家庭人」のようにすら見られていることが多い。

しかし、その裏で、彼らの犯行は極めて用意周到に行われる。ターゲットの女性が決まると、時間があれば尾行して生活パターンを知るところから始まる。そして誰にも目撃されることなく犯行に及ぶため、捜査は困難を極めることになる。犯行も暴力的で、被害者に対する感情はほとんどうかがえないという。

そして、被害者が傷ついている姿を見て喜ぶ。しかも、その後、殺人にまで及ぶことがある。

このタイプの犯行は、他の分類に比べて、あまり周期的ではない。一度犯行を行えば短期間に次々と重ねることもあれば、1年以上犯行に及ばないこともある。

こうして4分類のプロファイリングを見ると、現代アメリカでは、性犯罪が「性的・衝動的」な理由だけで繰り返されているわけではないと考えられていることがわかる。その人物の社会的な人間関係などが問題の基盤にあって、その中から性犯罪というゆがんだ願望が生まれてくると考えられているのだ。

なぜ強制わいせつ罪は急増しているのか

日本では今、性犯罪の認知件数が増えている。

警察が事件として認知した件数を見ると、強姦はゆるやかに減少を続けている一方で、強制わいせつは増加傾向にある。

強姦は平成8年に1483件だったが、その後、年々増え続け、平成12年に2260件と、２０００件を超えた。その後は6年間にわたって、２０００件以上認知されていた。1日に換算すれば、およそ6・2件。4時間に1件の頻度で、日本のどこかで起きていることになる。そして平成17年を境に、認知件数は減少傾向に転じる。

平成22年は１２８９件、平成23年は１１８５件。平成24年は１２４０件となっている。増加に転じる前の平成8年の水準を大きく下回っている。

ところが強制わいせつの場合は、少し様子が違う。

平成に入ってからは、３０００件から４０００件程度でゆるやかに変化していたのが、平成10年を境に急激に増加していき、1万件を突破する。

平成10年　４２５１件
平成11年　５３４６件
平成12年　７４１２件
平成13年　９３２６件
平成14年　９４７６件
平成15年　１００２９件

この平成15年をピークに減少に転じるものの、平成22年は7027件、平成23年は6870件、平成24年は7263件と、依然高止まりしたままだ。強姦のように、増加に転じる前の水準には戻っていない。

このことは必ずしも強制わいせつという犯罪が、日本社会で急増していることを意味しているわけではない。むしろ、それまで隠されていた被害が明るみに出るようになったという意味合いが強いと思われる。

被害者の女性が話しやすいように、警察では女性警察官が事情聴取を行うようになっている。さらに、警察や民間の団体などが被害相談の電話窓口を開設したり、性犯罪の被害の実態が報道されたりするなどして、被害者が重い口を開くようになってきたのだと、関係者の間では理解されている。

だが仮にそうだとしても、この急増ぶりには驚くばかりだ。

高齢者による性犯罪も急増

日本の性犯罪の中で最近特に急増しているのは、高齢者による犯行である。

この問題が大きく注目されるようになったのは、2005年『老年精神医学雑誌』の中の論文「高齢者にみられる性犯罪」で、山上皓《やまがみあきら》らが取り上げてからだと思われる。犯罪統計を紐解くと、高齢者の割合が増加している事実が鮮明に浮かび上がる。

1973年の性犯罪の検挙総数は1万556人。そのうち60歳以上は、1%にあたる109人だった。その30年後の2003年には、検挙総数が5732人と減少している一方、60歳以上が331人と増加。割合も5・8%にのぼっている。

山上らは罪種別の検挙件数も分析している。

注目すべきは、強制わいせつの増加だ。1989年にわずか8件だったのが、15年後の2004年には148件と、18・5倍もの増加を見せている。公然わいせつも、この15年間に8倍に増えている。

この中には、身内に対する性的虐待も含まれている。だが、その割合は決して多くはない。

1989年から2004年の15年間に起きた強制わいせつ(915件)について、山上らは、加害者と被害者の関係を分析している。

すると、親族だったのは、わずか0・5%だったことが明らかになったのである。知人が46・9%、無関係の他人が52・6%にのぼった。

では、一体どのような高齢者が性犯罪に及ぶのか。今回筆者は当事者（高齢の性犯罪者）に接触することはできなかったが、山上らの分析によれば、大きく2つに分類される。

一つは、高齢になって「突発的に」犯行に及ぶケースだ。この場合は、精神疾患の発症がかかわっているケースが多いという。また、年をとったことによって「男性性」を「喪失」し、その穴埋めを性犯罪という形で行おうとする場合も多い。

もう一つは、第1章で見たA受刑者のような、子どもを対象に犯行を繰り返すケースだ。この場合は、精神疾患の発症はあまり見られず、「巧妙な犯行の態様が露見を遅らせる」ことが多いという。20代や30代であろうと、高齢者であろうと、同じように〝危険なタイプ〟の性犯罪者が存在するのである。

ただ、大きな違いもある。分析によれば、高齢の性犯罪者は「自分の日常生活範囲からそれほど遠くないところで」犯行に及んでいるという。年齢という制約条件もあるのだろう。これは、A受刑者のように、わざわざ自分の生活圏から離れたところに行ったりして、犯行の機会をうかがう20代や30代とは違う。

一方で、高齢者による性犯罪の問題は、欧米では「古くから」数多く存在していたと、山上らは言う。大阪大学の藤岡淳子教授は、カナダ連邦矯正局を訪問した際に、加害者の最高齢は86歳だと聞かされたという。86歳といえば、日本では後期高齢者に分類される。

では、それまで高齢者の性犯罪が少なかった日本で、なぜ高齢者の性犯罪が増加しているのか。一刻も早い分析が求められている。

男性も性被害に遭っている

性犯罪は、女性が被害に遭うケースがほとんどだが、なかには男性が被害に遭う場合もある。

男性への性犯罪は、大半は子どもが被害者だと思われるが、一方の加害者については、男であるケースも女であるケースもどちらもあるようだ。

ただ、男性の性被害については、研究者の間でいくつかの思い込み（神話）があるといわれている。「少年や男性は性犯罪の被害者となるはずはない」「被害に遭っても、抵抗すれば防げるはずだ」「加害者が女性の場合は、性の手ほどきを受けたことになる」といった、被害者に対する誤った思い込みである。

その一方で、加害者（性犯罪者）に対し、「加害者は、同性愛者の男性である」というような誤った考えもある。

誤った考え方の中には、「男性によって被害を受けた少年は同性愛者になる」「大人になって加害者（性犯罪者）になる」などといったものもある。このような考え方がはびこるということは、ひとえに男性の性被害に対する調査・研究が進んでいないことの表れだろう。ちなみに、本書で紹介してきた性犯罪者の中に、幼少期に性被害を受けたという人物は一人もいなかった。

宮地尚子《みやじなおこ》の「男児への性的虐待」（『小児の精神と神経』所収）は、アメリカのカリフォルニア州で行われた、性的虐待の経験についての調査を紹介している。1995年から2年間に、1万7000人以上を対象に調査したところ、女性のうち25％が性的虐待の経験があると答えた。男性でも、16％にのぼったという。アメリカの話ではあるが、およそ6人に1人が性的虐待の被害に遭っていることになる。

被害者と向き合う臨床現場では、男性は女性以上に「被害のことを周囲に言わない」傾向があると考えられている。

被害者の男性は、「あれは性の手ほどきだった」「通過儀礼だった」と理解することで、被害の体験をやりすごそうとするのである。悲しみや怒りといった加害者への感情を抱くことを避け、「恥」として感じるのだ。男性への性犯罪の多くは明らかにされることなく、被害者の胸の内にしまわれたままになっている。

そのため、男性に対する性犯罪の「加害者」の姿もよくわかっていない。

加害者は家族・親族の場合もあるし、見ず知らずの他人の場合もある。また、男性である場合も、女性である場合もどちらもある。

そもそも日本では、刑法で男性が性犯罪を受けることは想定されていない。

第2章でも紹介した通り、刑法百七十七条は、「暴行又は脅迫を用いて十三歳以上の女子を姦淫した者は、強姦の罪とし、三年以上の有期懲役に処する。十三歳未満の女子を姦淫した者も、同様とする」となっている。強姦罪などの被害者はあくまでも〝女子〟であり、男性については法律上規定されていないのだ。

男性の性被害とその加害者像の解明については、今後の調査・研究が待たれる。

性犯罪者は刑務所内で〝最低の男〟扱い

取材をするなかで、複数の刑務所関係者から共通して聞いた話がある。

「刑務所の中で、受刑者は過去の罪状について、半ば〝自慢話〟として話し合うことが多とが他の受刑者に知られてしまうと、ばかにされることが多いからです」

　映画や小説を通して見聞きしたことのある読者もいると思うが、刑務所に入るとすぐに先輩の受刑者から「で、お前は何をやったんだ？」と聞かれるという。そこで「実はニュースにもなった、あの事件で……」などと言えば、一目置かれる存在になる。刑務所の中は、〝すごい〟犯罪をした者ほど〝尊敬〟を集めるのである。つまり、重い罪を犯した者ほどヒエラルキーの地位が高くなる。殺人や強盗などのほうが、窃盗などの犯罪者よりも、受刑者の中で重んじられる。そのため自分を誇示するかのように、こうした犯罪の内容を自発的に口にする者も多いと聞く。

　だが、性犯罪者だけは口を閉ざすという。

　性犯罪者であることがわかってしまうと、刑務所の中で、女性を暴力的に扱った〝最低の男〟として扱われるというのだ。周囲から無視され、ときには嫌がらせを受けることもある。特に子どもを対象とした性犯罪の場合は、そうした傾向が強いという。

　さらに、こんな話も聞いた。

　性犯罪者の多くは、服役中に再犯防止のプログラムを受けることになる。プログラムを受ける際、その時間帯は刑務作業などを中断して、他の受刑者とは別行動をとらなければならない。そのときに、受けるプログラムが、性犯罪を対象にしたものであることを〝隠している〟性犯罪者も多いというのだ。とある刑務所に、再犯防止プログラムを取材できないかと相談した際、次の言葉が返ってきた。

「私たち職員も気を遣って、性犯罪の受講プログラムがいつどこで行われ、誰が参加しているかは、他の受刑者に気づかれないようにしています。周囲には秘密であることで、性犯罪者は安心して出席することができます。そういう意味で取材は難しいですね。取材をきっかけに性犯罪者であることがばれてしまい、プログラムに来なくなると困りますから」

彼らの矯正・更生を第一とすれば、納得できなくもない。一方で、周囲に本音を打ち明けようとしない性犯罪者の姿からは、第2章で紹介した保護司が「毛穴が詰まっている感じ」と表現した言葉が思い出される。

常に周囲と距離をとり、本音で話そうとしない。性犯罪者は、「自分のことはわかってもらえない」と刑務所の中でも思い続けながら刑期を終え、社会に戻ってくるのだ。

かつて性犯罪者らは強制的に〝断種〟されていた

20世紀初頭、性犯罪を繰り返した者は、子孫を残してはいけないという時代があった。

歴史的には1907年、アメリカのインディアナ州で制定された通称「断種法」と呼ばれる法律が、その先駆けといわれ、精神障害者などに対する断種を医師の権限で行えるようになった。その対象として、強姦犯などの犯罪者が含まれたのだった。

断種法は、その後の16年間で、全米32州に広まっていった。

カリフォルニア州では、施設に収容されている精神障害のある人や梅毒を患った人に対し、社会復帰に際して、断種を条件とすることになった。その対象には、性犯罪を繰り返す者も含まれることになった。一方、アイオワ州では、性犯罪者や薬物中毒者などが対象となった。

そして、1927年。アメリカ連邦最高裁判所は、こうした断種が「合憲」であるという判断を下す。バージニア州で社会的に「不適格である」とされた人に対し、断種をするかどうか議論が行われたことに対する判断だった。

「犯罪者の子孫をそのまま放置するよりも、そうした不適応者が子孫をつくらないようにすることは、社会全体にとっては善である」

断種法の歴史は、アメリカだけにとどまらない。

1929年には、デンマークで同様の法律が制定された。性犯罪を繰り返す恐れがある者に対して、本人の同意のもとで、去勢手術が行われるようになった。背景には、同国における性犯罪の増加がある。事態の解決を求めて、10万人以上の署名が集められ、議会に提出されたのだった。

こうした動きは性犯罪だけを対象にしたものではない。しかし、性犯罪者が断種法の対象に含まれることは、次のことを意味していると筆者は考える。それは、性犯罪が性欲という人間の本能的な欲求に基づいており、その根本的な欲望を断ち切らない限り、抑止できないという考えに立っているということだ。およそ100年前、性犯罪は世界各国でそのように理解されていた。

日本ではどうだろうか。欧米での犯罪者(特に性犯罪者)への断種法の広がりを受け、議論が高まった時期がある。1938年4月の新聞は、「実現するか断種法　民族・血の浄化へ」という記事を掲載している。

アメリカ、カナダ、ドイツ、スウェーデン、ノルウェーで断種法が成立してきたことを報じた上で、「なかには社会政策、刑事政策も加味して犯罪者、性的異常者の去勢にまで及んでいる国もある」と書いている。また、「精神異常者」という言葉を使って、「ばかにつける薬はない」と述べている。

その後、記事は反対の意見も掲載した上で、民族優生保護法案の概要を紹介している。その内容を見る限りでは、性犯罪者は直接の対象とはされていない。

現在アメリカで行われている〝去勢〟とは

こうした強制断種の動きは、第2次世界大戦後、世界的な人権意識の高まりなどから下火となっていった。

しかし20世紀末、アメリカで医学的な去勢技術の発達とともに形を変えて復活する。現在アメリカでは、性犯罪者の去勢はいくつかの州で行われている。

2004年3月、テキサス州で一人の服役囚が外科的な去勢手術を行ったことが、地元の新聞やCNNなどによって報じられた。

この服役囚の男性は、40人以上の少年に性的暴行を加えていて、懲役15年の判決が出されていた。自ら外科的手術を希望したという。

テキサス州では、去勢手術の州法ができたのは1997年。17歳未満の子どもに対する性犯罪を行った者に対して、本人が希望すれば、去勢手術を行えることになった。のちに大統領となるブッシュ知事による州法制定だった。精神科医などによるカウンセリングを受けた後で、本人の自発的な意思であることが書面によって確認されるという条件つきである。

手術を受けたと報じられた男性の場合、服役しながら、すでに男性ホルモンを抑えるための薬物療法を受けていたが、その効果をより確実にするために、自ら外科的手術も希望したという。

現在、去勢手術を導入している州は、テキサス州以外にもいくつかある。そのほとんどは、男性ホルモンを抑制させる「化学的去勢」だ。「抗アンドロゲン剤」と呼ばれる薬物が使用されている。

たとえば、1996年に州法を制定したカリフォルニア州では、13歳未満の子どもを対象とした性犯罪の加害者に対して化学的去勢が行われている。初犯の場合は、本人の希望を聞くことになっているが、再犯で捕まった場合には、強制的に行うとしている。

ルイジアナ州では、13歳未満の子どもを対象とした性犯罪や、大人が対象の性犯罪でも再犯の場合は、強制的に化学的去勢が行われる。従わない場合は、仮出所や保護観察とはならず、刑務所にとどまり続けることになる。

こうした去勢が実際に再犯防止に効果的なのか。

欧米の多くの研究では、効果が立証されているとしている。1980年代のドイツの研究では、外科的去勢を受けた場合の再犯率は3%だった。一方、受けなかった場合は、46%にのぼったとされている。

化学的去勢の場合はどうだろうか。カウンセリングなどの心理的アプローチに加えて、化学的去勢を行った場合、再犯率は15%にとどまったが、心理的アプローチだけだった場合は、再犯率は68%にのぼったという研究データもある。

しかし、一方では、効果がないのではないか、と主張する研究もある。そもそも去勢によって性犯罪は減らないのではないかというのである。

世界的に見ると、性犯罪者への去勢が行われている国は、ごく少数にとどまる。日本でも導入すべきだという声が一部にあるものの、今のところ大きな社会的コンセンサスは得ていないようである。

韓国では性犯罪者の顔写真や住所がネットで公開される

韓国は、性犯罪の再犯防止のための「監視」を、近年急速に強化した国として知られる。その最たるものが、性犯罪の前科がある者に対するGPS監視だ。刑務所から出所すると、足にリング状の位置情報を発信する機器を取りつけることが求められる。装着の必要性については、裁判所が判断を行い、期間は最長で30年に及ぶ。装着した性犯罪の前科がある者の位置情報は、全て中央管制センターで把握されている。

監視する側からすれば、対象者がどこにいるかを把握できるという利点がある一方、監視される側には「心理的な圧力」が働き、再犯防止につながるというのが導入の基本的な考え方である。

このGPSによる監視が行われるようになったきっかけは、ソウルで発生したある性犯罪者の再犯事件である。小学生の女の子が暴行されて殺害された上に、遺体を焼かれるという痛ましい事件だった。

対象者に出所前に義務づけられるのは、GPS機能つきの足輪装着だけではない。被害者や学校など指定された人物や場所へ近づくことや、夜間の外出も禁止される。もちろん、そうした禁止行為がなされていないか、GPSの位置情報によってリアルタイムで監視されている。また、再犯防止の教育プログラムを受けることも求められる。

さらに2011年には、性犯罪者に対する薬物治療を義務づける法律も施行された。GPS監視と同じように、検察官からの請求を受けて、裁判所が必要性の有無を判断する。報道によれば「人権侵害ではないか」という批判も起こったようだが、認知行動療法などの再犯防止策と併用する形で、法律は施行される運びとなった。

薬物治療の開始と前後して、2010年には性犯罪の前歴がある者の身元情報の公開も徹底された。19歳未満を対象とした性犯罪の加害者で、特に再犯の危険性が高いと判断された場合は、顔写真や住所などがインターネット上に公開される。GPS監視とともに、国民全体で「監視」しようというのだ。

ただ、韓国における性犯罪者の身元情報の公開は、実はもっと古い。

2000年には、「青少年の性保護に関する法律」が制定されている。この法律の内容は、19歳以下を対象とした売買春や性暴力に対して厳罰で臨むというものである（この節の多くは藤本哲也《ふじもとてつや》「韓国における『青少年の性保護に関する法律』」〈『犯罪と非行』133号所収〉による）。過去に前科のある者については、名前や年齢、職業が公開されることになった。住所については、何町何丁目という細かな情報を省いての公開だった。

2010年の情報公開は、従来よりも情報にアクセスしやすくし、公開内容を拡大するというのが目的で、一連の性犯罪者への「監視」の流れに沿ったものだと思われる。

GPSによる監視、薬物治療、そして前科者の身元情報の公開。凶悪な性犯罪者の再犯事件が続くなかで、韓国の世論の多くはこの3つの方策を支持していると報じられている。アメリカの各州でも判断が分かれる性犯罪の前科者への「監視」を、韓国は数年の間に一気に整備してしまったのである。

第4章 性犯罪は減らせるのか

性犯罪者はどんな指導を受けるのか

現在、日本の刑務所では、性犯罪者が再犯をしないように「指導」が行われている。しかし、その詳しい内容は一部を除いてほとんど公開されることがない。

平成24年度に再犯防止指導が行われた施設は、全国で19にのぼる。川越少年刑務所、大阪刑務所などで、法務技官や法務教官が、臨床心理士などと連携をとりながら、プログラムを実施している。

プログラムを受ける受刑者は、再犯リスクの高低によって、3つに分けられている。プログラム1回あたりの時間は100分間で、週に1～2回受講するが、全体の受講期間が3つのグループで異なっている。

高密度　約8カ月間
中密度　約6カ月間
低密度　約3カ月間

高密度は、第1章で紹介したA受刑者のような性犯罪の常習性が強く、再犯のリスクが高いのではないかと考えられる性犯罪者が対象となる。低密度はその逆だ。

法務省の資料によれば、プログラムはオリエンテーションの後、5つの項目について行われる。

若干難しいので、ここではその項目だけ挙げておく。

①自己統制……事件につながった要因について検討、特定する
②〝認知のゆがみ〟と変容……偏った考え方を修正させる
③対人関係……対人関係における問題点を改善させる
④感情統制
⑤共感と被害者理解……被害者の苦しみを考え、他者への共感性を高めさせる

大雑把《おおざっぱ》にいえば、自分がどういう状況で犯行に至ったのかを理解させ、自分の問題点に気づかせるのが目的となっている。その柱は、認知行動療法と呼ばれる、カナダやイギリス由来の心理療法である。性犯罪の背景にある、物事の考え方・とらえ方（認知）の〝ゆ

がみ〟に気づかせ、改善を促すというものだ。

保護観察所でも、こうした性犯罪者を対象としたプログラムが行われている。

仮釈放、あるいは執行猶予となり保護観察を受けることになった性犯罪者が対象で、同じように5つの課程から成り立っている。違うのは受講期間で、2カ月余りで全てのプログラムを終える。このプログラムは、刑務所に比べると短く、再犯リスクの高低による受講内容の違いもない。ある保護観察所の元所長は「実施してはいるけれど、期間が短すぎるのではないか」と語っていた。

一方で、保護観察所は、性犯罪者の家族を対象とした「家族プログラム」も実施している。

加害者本人だけでなく、周辺の家族にもアプローチして再犯を防ごうというのである。対象者の行動のどんなことに気をつければよいのかなど、家族として必要な知識を伝え、サポートすることで、社会復帰の受け皿を整えようとしている。

「女性は喜んでいる」と考える〝認知のゆがみ〟

性犯罪者の多くは、女性に対して〝ゆがんだ考え〟を抱いている。その「考え」は、性犯罪者に特徴的な傾向で、普通の感覚では理解できない〝認知のゆがみ〟といわれている。

性犯罪者に特有の〝認知のゆがみ〟はいくつかある。

・女性は自分が強姦されることを空想している……常識的に考えてそんな女性はいない。しかし、性犯罪者の多くは「女性はそういう空想をしている」と勝手に思い込んで、犯行のイメージを膨らませているのだ
・女性は嫌がっているが、本当は喜んでいる……犯行の最中に女性は嫌がり抵抗する。しかし、性犯罪者はその様子を違った目で見ているのだ。喜んでいると思い込んでいるために、そこで犯行をやめることはない

〝認知のゆがみ〟の認知とは、人間がいろいろな物事を見て判断したり解釈したりすることで、平易にいえば「考え方」に近い。つまり、性犯罪者の多くは、女性に対する考え方がゆがんでいるのである。本書でも、嫌がる女性を見ても「喜んでいると思った」と語る性犯罪者がすでに何人か登場している。

〝認知のゆがみ〟はどのように形成されていくのか。インターネットやビデオ、写真など

を通じたポルノとの接触が原因という考え方がある。そうしたメディアに過剰に触れることで、現実世界とポルノの中の世界との境界があいまいになり、誤った考え方が頭の中を支配してしまうという。

科学警察研究所の調査研究では、「アダルトビデオを見て自分も同じことをしてみたかった」と答えた性犯罪者は、強姦を犯した少年では50％にのぼり、成人でも37・9％を占めている。これはポルノの模倣についての質問であって、〝認知のゆがみ〟そのものを分析したものではない。だが、この中にはこうしたメディアに影響を受け、〝認知のゆがみ〟に支配された性犯罪者が少なからずいるのではないかと考えられる。

一方、この調査では、「アダルトビデオが好きか」という質問も行っている。強姦を犯した少年の43・5％、成人の36・1％が好きだと答えている。しかし、逆にいえば、半数以上の性犯罪者は、特段好きではないということを意味している。

取材した実感では、筆者はこうした女性に対する〝認知のゆがみ〟は、全ての性犯罪者にあてはまるわけではないと考えている。たとえば第1章で紹介したA受刑者に、この件について質問したところ、次のような答えが返ってきた。

「逮捕された後、弁護士から、『被害者の女性は喜んでいると思っていたのではないか？』などと何度も聞かれました。でも、私にはそういう感覚は全くありませんでした。女性が嫌がっているか喜んでいるかとは全く関係ない次元で、犯行に及んでいたからです。それは繰り返しになりますが、自分の〝スキルアップ〟のための犯行でした」

A受刑者の言葉をもとにすると、〝認知のゆがみ〟を女性（被害者）に対するものだけでなく、広く生きる上での考え方全般についての〝ゆがみ〟ととらえるべきなのかもしれない。

なぜ考え方が大幅にズレてしまうのか

性犯罪の背景にあるとされる〝認知のゆがみ〟は、女性に対する考え方の誤りだけをとらえているのではない。性犯罪者がもっている〝認知のゆがみ〟は、一人ひとり異なっている。

日常生活の要所で現れる行動パターンにも存在している。それらは〝思考の誤り〟と呼ばれている。以下に、性犯罪加害者への処遇法を書いた『回復への道のり』（ティモシー・J・カーン著・藤岡淳子監訳、誠信書房）などをもとに、その一部を紹介する。

・最小化……起きている事柄を実際よりも小さく考えようとすること。たとえば、約束の時間に10分遅刻したときに、「大したことはない」と考える。実際に「大したことがない」のかは、相手が判断すべきである

・正当化……やるべき事柄をしなかったり、やるべきでない事柄をしてしまったり、というときにも、頑《かたく》なに「自分は正しい」と考え主張し続けること

・遠くのゾウ……責任を回避するために、前もって考えないこと。大きなゾウが近くに迫っているのに、「まだ遠くにいるから大丈夫」と考えてしまうという喩えから、「遠くのゾウ」と呼ばれている

・一般化……何度か失敗したとき（逆に成功したときも）に、たまたまであったにもかかわらず、それを「次も絶対に失敗する」（次も絶対に成功する）と考えたり、一人の意見を「みんな、そう思っている」などと一般化したりすること

どれも、私たちの普段の生活で、ありそうなことばかりだ。

だが、こうした小さなことから、自分の感情や思いをきちんと相手に伝えられなくなったり、相手の感情や気持ちに思いを馳せられなくなったりしていき、最終的に感情をコントロールできないまま、犯罪へ至ると考えられている。

事件を起こした性犯罪者たちは、誰もが生まれながらにして「性犯罪者」であったわけではない。どこかで、普通に生活をしている人たちと違う道に入ってしまったのだ。しかも、それは、ある日突然道を間違えるのではなく、少しずつ間違いを積み重ねていき、気がついたときには大きく踏み外してしまっている。

その過程にある小さな間違いの積み重なりが、〝認知のゆがみ〟〝思考の誤り〟なのである。そして、こうした思考パターンの全体が、性犯罪の背景にあるのだ。女性に対する考え方は、性犯罪に直接的に結びつくが、実は思考の誤りの中の一部でしかない。

だが、一度頭の中を支配した考え方を自分で修正していくのは、とても難しい。事件を起こし、逮捕されるまで、誤りに気づけないのだ。

性犯罪者が軽々と乗り越える「4つの壁」

性犯罪者は、犯行に至るまでに普通の人ならば越えないようなハードル（壁）をいくつも乗り越えている。

そのハードルとは、具体的にはどのようなものなのだろうか。大阪大学の藤岡淳子教授は、「4つの壁」という考え方を打ち出している。もともとはアメリカの犯罪学者が提唱した考え方で、普通の人は次のような壁がバリアとなり、性犯罪に手を染めることはない。

・第1の壁「健常な性的はけ口」……パートナーとの交際などによって満たされている対人関係

・第2の壁「内的なバリアとしての良心」……合意のない相手に性的な関係は強要しないなどの通常の良心

・第3の壁「機会の欠如」……加害対象となる子どもや女性と接触する機会がないという状況

・第4の壁「被害者の抵抗」……目の前の相手が嫌がる行為をしないという判断

ところが、性犯罪者は、こうした壁にはしごをかけて軽々と乗り越えていってしまう。たとえば、第1の壁を乗り越えさせてしまうのは、性犯罪者が日常生活で感じている、満たされない思いだ。

・「健常な性的はけ口」への第1のはしご……人間関係などで満たされない気持ち。性的興奮への強い関心

だが、仮に日常生活に不満があって第1の壁を乗り越えたとしても、まだ第2、第3、第4の壁が立ちはだかっている。日常生活に鬱屈した思いをもっていても、普通は性犯罪には至らない。ところが、性犯罪者は、続いて第2、第3、第4のはしごをかけて、壁を乗り越えていってしまう。それには次のようなプロセスが考えられる。

・「内的なバリアとしての良心」への第2のはしご……〝認知のゆがみ〟。嫌がっている女性も本当は喜んでいるなどの誤った考え方をする

・「機会の欠如」への第3のはしご……わざわざ自分で加害対象となる子どもや女性を探

して徘徊する

・「被害者の抵抗」への第4のはしご……甘い言葉をかけて子どもを騙したり、力ずくで相手を封じ込めたりする

読者には、なぜ性犯罪者がそこまでして犯行に至るのか、理解できない部分も多いだろう。だが性犯罪者は、普通の人が「壁」と感じるものを「壁」とは思っていない。誤った思考が彼らの行動を支配しているからだ。普通の生活をしている人には存在しない「はしご」が、性犯罪者の中にはすでに当たり前のものとしてあるのだ。

逆にいえば、犯行を食い止めるには、性犯罪者にこうした「4つの壁」が存在していることを認識させる必要がある。壁を壁として認識させ、はしごをはずさせるのだ。

性犯罪者の犯行を止めるために、藤岡教授は「4つの壁を強化する必要がある」という。たとえば、第1の壁では、人間関係を充実したものにする努力をする、第2の壁では、〝認知のゆがみ〟を専門家の指導のもと正していく、第3の壁では、夜間の徘徊などをしないと自分にルールを課す、第4の壁では、被害者の感情・罪悪感などを学ぶ、というものだ。

では、具体的にはどうすればよいのだろうか。

奈良小1女児殺害事件の衝撃

性犯罪者に対する刑務所などでの再犯防止の取り組みは、一つの事件がきっかけとなって、大きく前進した。

平成16年11月、奈良市で帰宅途中だった小学1年生の女の子が誘拐され、その夜、女の子の携帯電話から母親のもとに、「娘はもらった」というメールが届いた。メールには少女の写真も添付されていた。そして、その日の深夜、住宅街の側溝で遺体が見つかる。さらに1カ月後、母親のもとには「次は妹だ」というメールが届く。

逮捕されたのは、新聞販売店の店員だった36歳の男だった。「女の子なら誰でもよかった」と供述し、自宅からは、大量の児童ポルノのビデオや雑誌、それに盗んだとみられる女の子用の下着類が何十枚も見つかった。

問題となったのは、男が過去に何度も性犯罪によって逮捕された前科があったことだった。

当時の報道によれば、平成元年、女児２人への強制わいせつ罪などで懲役２年、執行猶予4年の判決を受けるが、その執行猶予期間中の平成3年に、再び女児への強制わいせつ罪で逮捕、服役していた。刑務所での服役期間が意味なく終わり、再び被害者を生んでしまったのだ。

刑務所での性犯罪者の再犯を防ぐ取り組みが不十分なのではないか、とテレビや新聞では大きな議論が巻き起こった。

その代表的な意見は、日本の刑務所は「罰を与える」という意識が強く、やがて出所してくる犯罪者の「更生」が後回しにされているのではないか、という声である。「自由刑」という言われ方をするが、自由を奪うことで懲らしめるだけでは、一部の常習性が高い性犯罪者などについては、再犯のリスクが低下しないと考えられたのだ。

当時も、性犯罪者の再犯防止策は講じられていた。しかし、川越少年刑務所や奈良少年刑務所などで個別に取り組まれていただけで、日本全体で見れば、プログラムの数も内容も現在と比べると不足していた。

奈良事件の翌年の平成17年4月、法務省は性犯罪者処遇プログラム研究会を立ち上げた。

精神医学や犯罪学などの専門家を中心にした研究会で、アメリカ、カナダ、イギリスで取り組まれている性犯罪者の再犯防止策を視察するなど幅広い調査や研究が行われ、1年後に報告書がまとめられた。

その報告書をもとにして、平成18年から刑務所や保護観察所での性犯罪者処遇プログラムが始まり、現在に至っている。

奈良小1女児殺害事件で逮捕された男に対して、大阪拘置所で死刑が執行されたのは、平成25年2月である。不幸な事件から10年近くの間に、性犯罪者をめぐる研究や取り組みは大きく進展したのである。

犯行のサイクルを見つける

性犯罪を何度も繰り返してしまうメカニズムを明らかにし、負の連鎖を断とうという研究はいくつかある。

その中の一つが、性犯罪行動の専門的治療で使われる〝犯行サイクル〟と呼ばれる考え方だ。すでに触れたように、藤岡淳子教授は数多くの性犯罪の受刑者や出所者に会い、彼らの再犯防止に取り組んできた性犯罪治療のエキスパートである。

まず、大きな紙や白板に2つの円を書く。そして、右の円には普段の日常生活で感じている、ストレスのサイクルを書き出していく。これは臨床心理士などの指導を受けながら、性犯罪者が自分なりに考え、何度も修正しながら書いていく。たとえば、次のようなものだ。仕事がうまくいかない↓上司に叱られる↓残業続きで自分の時間がなくなる↓死んだほうがいいという気持ちになる↓深夜に帰宅して性的動画を見る↓マスターベーションをする↓一時的にリフレッシュする↓翌朝起きて変わらない現実にうんざりする↓そして、再び仕事でうまくいかない……。

これだけ書き出すと、誰しも少なからず「自分にもそういう面がある」と思われるかもしれない。大切なのは、サイクルの各項目に性的な事柄が含まれてはいるものの、その多くが、普段の生活に根差したものであるという点だ。藤岡教授は「性犯罪を、性的欲求の問題としてだけとらえると、問題の本質を見誤る」と言い切る。

藤岡教授は、この円を「ストレスの悪循環」と呼ぶ（左上の図を参照）。このサイクルの中にとどまっている限りは犯行に至らないものの、これこそが性犯罪の背景にあるという。円を循環し続けるなかで、性犯罪を引き起こすストレスがどんどんとエスカレートしていき、性的な事柄に関する部分が生活の大半を占めるようになっていく。

「日常のストレスを、どうやってやりすごすか、という問題です。その過程で性的刺激が頭の中にいっぱいになると、〝何かやれる自分〟〝強い自分〟のようなものが、だんだんと

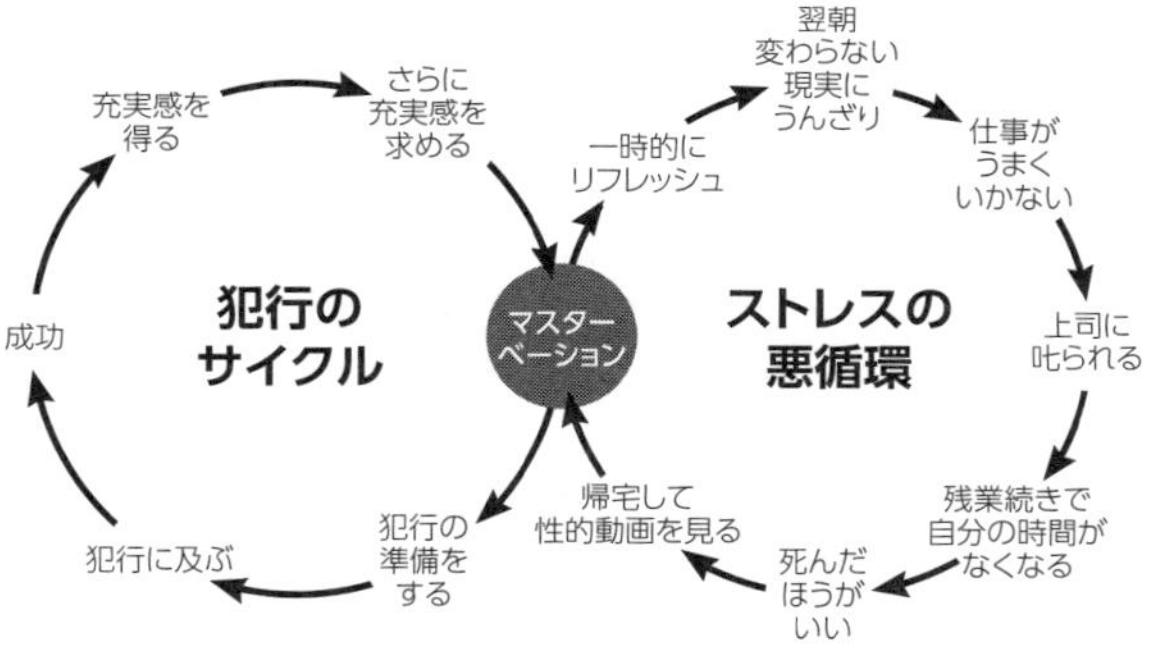

大きくなってくる。それが性暴力に結びつく発端となります」と藤岡教授は言う。

左右の2つの円を結ぶところにある、マスターベーションをする、という項目。そこから、左の円にあたる犯罪への逸脱が始まる。たとえば、マスターベーションをする↓犯行の準備をする↓犯行に及ぶ↓犯行に成功↓充実感を得る。これが「犯行のサイクル」と呼ばれるものだ。

性犯罪を通して日常生活にはない〝充実感〟を味わってしまうと、日常生活に戻っても、ストレスの悪循環が繰り返される日々に耐えきれなくなり、再び〝充実感〟を求めて、犯行サイクルを繰り返してしまう。

極端にいえば、日常生活よりも、性犯罪のことを考える時間が主になってしまう。それが第1章で触れたA受刑者のように、犯行の計画を緻密に立案し、その手法をどんどんとエスカレートさせることにつながってしまう。

「あえて言うならば、この犯行サイクルで充足するようになると、もう犯行はやめられない。私が見てきた累犯の性犯罪者の多くは、『逮捕してもらってよかった』とまで言います。人間は大きなストレスに対して、何か別のものでそれを埋めようとする。性犯罪は、そのうちの最悪の代償行為の一つです」

このサイクルを断つにはどうすればよいのか。2つのサイクルを書けるところまで自己分析ができていれば、次の再犯防止というステップに進みやすい。

そこで登場するのが、すでに触れた認知行動療法である。「ストレスの悪循環」のうちの、たとえば上司に叱られたとき、死にたいと思ったとき、などに否定的な考え方に至らないよう、違う発想法を身につけさせ、新しい自分に気づかせることが必要なのである。

30年先の指導に意味はあるのか

第1章で登場したA受刑者は、まだ性犯罪者処遇プログラムを受けていない。

A受刑者自身は、再犯防止のためにも、そのプログラムを受けたいと思っている。どんな内容なのか興味があるようで、自分は「高密度」を受けることになるだろうなどと、その内容を十分に調べ把握しているようだ。

プログラムの内容は、周囲の受刑者から聞いたことがあるという。「とてもためになる」という反応が多いそうだ。


「防犯ベルを持ち歩き、再犯リスクが高まったら押すようにするとか、音楽が好きな人は心が落ち着くようクラシックやバラード系の曲を聴きながら歩くようにするとか、いろいろな対策が挙がったそうです」

「受けてみて効果がありそうかどうか尋ねてみると、その受刑者は『考え方が変わった』『すごく有意義だった』と非常に肯定的にとらえていました。受刑者同士の会話なので、おそらく本音なのだと思います」


A受刑者は、自分が性犯罪をした背景には、自分の性格や考え方の偏りがあるとも感じている。そこを修正するためにも、プログラムを受けたいと考えているのだ。

ただ、プログラムの時間数が短いのではないかという不安を抱いている。「塀の中の性犯罪者治療」（藤岡淳子、『アディクションと家族』17-3所収）という論文で、欧米の施設では「昼間の全ての時間をプログラムの遂行にあて、概ね1～2年の期間をとっている」という言及を読んだからだ。A受刑者は、手紙で次のように書いてきた。

「日本の刑務所では、週に1～2回程度。私の場合は、刑期が長いせいか高密度で8カ月行うと聞きました。しかし、欧米では1～2年の期間をとると書かれています。日本では絶対量が少なすぎるのではないでしょうか」

さらに、いつプログラムを受けることになるのかについても不安を抱いているという。刑務所内の面接で、自分が受講するのはいつなのかを質問したところ、「仮釈放や出所が近づいてから」という答えだったそうだ。

A受刑者は驚いた。出所直前だとすると、自分の場合は30年近く先になってしまうではないか。その間に、事件の記憶や罪の感情が薄れてしまう可能性がある。そんな時期にプログラムを受けることにどれだけの意味があるのか。また、それまでの時間を社会復帰のための準備期間として生かすことができない、と感じたという。

これについて関係者に取材したところ、「必ずしも仮釈放や出所が近づかなければ、プログラムを受講できないわけではない」とのことだった。

しかし、現在までのところ、A受刑者の逮捕からすでに何年もたっているが、まだ彼はプログラムを受けていない。

性犯罪者へのプログラムは効果があるのか

性犯罪者処遇プログラムは、実際にどれくらい効果があるのだろうか。法務省では、刑務所などを管轄する矯正局と保護観察所を管轄する保護局が効果の検証を行い、平成24年末に、初めて詳細なデータが公表された。

そのうち矯正局による調査の対象となったのは、平成19年7月1日から平成23年12月31日までに、刑事施設を出所した性犯罪者２１４７名だ。このうちプログラムを受講したのは１１９８名、受講していないのは９４９名になる。次の数字はプログラムを受講した場合としていない場合、それぞれの再犯率である。

性犯罪を含む全ての再犯率　受講者21・９％　非受講者29・６％
性犯罪の再犯率　受講者12・８％　非受講者15・４％

全犯罪については、受講した者のほうが再犯率は8ポイント近く低下。一方で、性犯罪に限ると、再犯率の差は2・6ポイントとあまり変わらない。

法務省矯正局は、プログラムを受講した者のほうが、性犯罪を含む全ての再犯率は統計的に有意に低くなり、効果が実証されたが、性犯罪の再犯については、統計的には効果が実証できなかったとしている。

また、再犯リスクによって異なるプログラムの「密度」ごとに分析も行われた。すでに触れたように、再犯リスクが高いと判定された性犯罪者は、高密度のプログラムを受け、リスクの度合いに応じて、中密度・低密度と続く。分析では、「性犯罪を含む全ての再犯」が対象となった。

次の数字は、各密度の再犯率を示した数字だ。

高密度と判定された者　受講者34・8%　非受講者46・4%
中密度と判定された者　受講者20・0%　非受講者22・4%
低密度と判定された者　受講者4・8%　非受講者12・6%

どの「密度」でも、受講した者のほうが再犯率は低くなっている。報告書では、高密度のプログラムで特に効果が確認でき、「望ましい結果だった」としている。

だが、ここで注目したいのは、高密度・中密度・低密度の間での再犯率の違いだ。高密度と判定された性犯罪者は、受講しても依然として再犯率が高いままである。その差は、高密度の場合は3人に1人という割合で再犯をしているのに対して、低密度の場合は20人に1人と、大きく差がある。

これは、本書のいろいろなところで登場する「常習性」が高い性犯罪者の多くは、プログラムを受けても、その反社会的な性向を修正するのは容易ではないということではないかと筆者は考える。もちろん、プログラムそのものには意味があるのだが、その網の目を潜り抜けようとする性犯罪者が一定数、存在していると思われる。

法務省矯正局は、効果検証の報告書の中で、高密度プログラムを受講して出所した後に、強制わいせつ事件を起こして逮捕された性犯罪者Ｉの例を詳述している。

Ｉはプログラムを通して、母親からの愛情の欠如感が心の底にあって、アルコールを飲んだりすることでそれを紛らしていたことに気づき、出所後は断酒に努めていた。「これまで繰り返していた幼児に対する性加害は、弱い者を服従させることで自分の屈辱感を解消したいという気持ちの表れ」という犯行の自己分析もしたという。

こうした自己分析は本書で何度も見てきたものだ。だが、出所後1年たっても収入は増えず、飲酒も再開。悶々としているなかで、給料日に財布をすられるという事件が起きる。Iは泥酔し寝坊してしまった。出社が遅れたことを上司に叱責されたIは緊張の糸が切れ、近所のショッピングセンターに行き、女の子を誘い出してわいせつ行為に及んでしまったという。

再犯はゼロにはならない。どうすれば、特に問題が多い常習性の高い性犯罪者のリスクを減らすことができるのだろうか。

性犯罪者の情報は出所後に公開すべきか

日本で性犯罪者に対する処遇が本格化するきっかけとなった奈良小1女児殺害事件。その際に注目されたのが、アメリカでの性犯罪者に対する再犯防止策だった。

一般に「ミーガン法」と呼ばれ、性犯罪を語る際には必ずといっていいほど、議論にのぼる。

1994年、アメリカ東部のニュージャージー州で一人の少女が暴行され、殺害された。少女の名はミーガン・カンカで、逮捕されたのは近所に住むジェシー・ティメンデュカスという男。問題となったのは、男が過去に性犯罪を繰り返し刑務所にも収容されていたという事実だった。奈良の事件と同じ構図である。

遺族は「男が性犯罪者であることが事前にわかっていれば、再犯は防げたはずだ。娘は犠牲にならなかったはずだ」と訴えた。事件や遺族の訴えを全米のメディアが大きく報じ、署名運動が広がった。

そして同年10月、ニュージャージー州で、性犯罪者についての情報公開を定めた「ミーガン法」が成立した。

内容は、性犯罪で刑務所に服役していた人間が出所し、社会に復帰する場合に、その住所などの登録を義務づけるものだ。さらに再犯のリスクに応じて、その情報は地元の住民にも知らされることになる。インターネットなどで公開される場合もあり、性犯罪の前科情報が多くの人からアクセス可能となる。平たくいえば、過去に性犯罪を起こした人がどこに住んでいるか、地域住民は容易に知ることができるようになったのだ。

少女の遺族の、「加害者の情報が事前にわかっていれば、男に近づかないように娘に注意しておくことができた」という意見を取り入れた法律となった。

ニュージャージー州で成立した「ミーガン法」は、1年半後にはクリントン大統領（当時）によって全米に適用される連邦法としても導入されることになった。

この法律をめぐっては、賛否両論がある。

ミーガン法を支持する声としては、すでに述べた遺族の声にあるように、「事前に情報がわかっていれば、注意を払うことでリスクを軽減できる」というものだ。

一方で批判的な声として代表的なものは、「性犯罪の前科があるという情報が公開されれば、その人物の就職や住まいの確保などに影響が出て、社会的な孤立をまねく。最悪の場合は、かえって再犯を促すことにつながりかねない」というものだ。

これに対して、「情報公開されようがされまいが、出所者は社会的に孤立することが多い」「情報公開によって再犯率が上がったというデータはない」など、さらなる批判もある。

どちらの意見にも一理あるように思われる。

ミーガン法を支持する側は、いわば未来の被害者の視点から、性犯罪のリスクを減らしたいと考えており、批判的な立場の人は、逆に加害者の視点から、同じように再犯のリスクを減らそうと考えている。

性犯罪をめぐる問題の難しい点は、このように被害者と加害者の視点が相容れないところにある。

「消えた天使」

性犯罪の前科がある人物を監視するようになったアメリカ社会。その裏側に潜む一面を描いた映画がある。

「インファナル・アフェア」などで知られる世界的な映画監督アンドリュー・ラウがハリウッドで初監督をした「消えた天使」だ。リチャード・ギアが演じる公共安全局のベテランの監察官が、10代少女の失踪事件の謎に迫るサスペンスである。

映画は、「監察官は、一人で1000人の元性犯罪者をモニターしている」という文言から始まる。

リチャード・ギア演じるバベッジ監察官は、出所した元性犯罪者の生活状況を監視するのが仕事で、元性犯罪者のリストを手に日々、彼らのもとを訪問して回っている。

バベッジの尋問は、ときに暴力的で容赦ないものだ。

映画の冒頭、バベッジは元性犯罪者に、「またみだらな妄想をしていたのではないか」とビンタをくらわせる。ほとんど人権無視に近いのだが、バベッジにとって、「元性犯罪者の監視」という職務は、心身ともにすり減らされるものだった。対象者が膨大である上に、一人ひとりに向き合うことの労力が並大抵ではなかった。衰弱していたバベッジに対して、上司は退職を勧め、その日は数週間後に迫っていた。

そこへ飛び込んできたのが、ハリエットという名の少女の誘拐事件の知らせだった。バベッジは、「自分が監視している元受刑者の中に犯人がいる可能性が高い」と考え、部下の女性監察官とともに調査に乗り出す。そして手元にある元性犯罪者のリストから、疑わしい人物を絞り込んでいった。

捜査線上に浮かんだのは、一人の児童ポルノカメラマンの男。調査を進めていくと、別の少女への性犯罪が発生していた可能性も浮かび上がってくる。

映画の結末にはここでは触れないが、事件の背後に浮かび上がってくるのは、元性犯罪者の情報公開がもたらす、負の側面だ。極論ではあるが、こうした危険性もあるのかもしれないと思わされる。

それは、インターネットを通じて、性犯罪者たちが互いの居場所などを知ることができ、そこから情報交換をしてつながりを深めていたというくだりだ。通常ならばつながるはずのなかった元性犯罪者たちが、インターネットに公開された出所情報をもとにして、一つ屋根の下に同居し、次の犯罪に向かっていたのである。

映画は、フィクションという形を借りることで、元性犯罪者を監視する監察官の労力や難しさといった現実だけでなく、性犯罪の前科に関する情報公開が仇《あだ》になるという側面を描き出している。

一方で、バベッジは、性犯罪の出所者たちが集まる社会復帰プログラムのミーティングにまで踏み込み、手荒な捜査をする。その手法のよし悪しとは別に、この映画は、アメリカにおける元性犯罪者たちの社会復帰に向けた様々な現実を活写している。

『The flock』という映画の原題には、「群れ」という意味がある。小さな集団として群れることで社会の中で居場所を確保しようとする、この映画の中の元性犯罪者たちのことだと思われる。リチャード・ギアの熱演・怪演に対する賛否両論のある映画だが、アメリカにおける性犯罪者の出所後の一側面を知るには、恰好の材料である。

「性犯罪者を孤独にするな」

刑務所での服役を終えた性犯罪者たちは自分を完全には制御できず、「再び犯行を繰り返してしまうのではないか」と、自分自身に怯えながら日々を過ごしている。そんな彼らに、「居場所」を提供することで、再犯のリスクを低減させようという取り組みが一部で始まっている。

池袋の駅からすぐのところにある榎本クリニックは、繰り返される性犯罪を「性依存症」ととらえ、依存症治療の一環として、出所者などを対象に社会復帰のプログラムを行っている。建物には毎晩夜遅くまで、電気が煌々《こうこう》とついている。

プログラムディレクターの斉藤章佳《さいとうあきよし》は、精神保健福祉士・社会福祉士の資格をもち、数多くの性犯罪者と接してきた。精悍《せいかん》な顔つきから、出所者の社会復帰に向けた強い意志が感じられる。

「うちのクリニックは重複障害のある前科者が多いため、塀のない刑務所ともいわれています。彼らは〝社会に自分たちの居場所がない〟と孤独を感じるときに、再犯のリスクが高まります。それを防ぐために行っているプログラムがデイナイト・ケアです」

榎本クリニックの一室では、月曜日から土曜日の朝9時から夜7時まで社会復帰プログラムが行われている。定員は30人で、再犯を防ぐための様々なトレーニングを行う。一例を挙げると次のようなものになる。

	午前	午後	夜
月曜日	再発防止プログラム	芸術行動療法	自分史
火曜日	教育プログラム	音楽療法	朗読会
水曜日	ミーティング	芸術行動療法	クッキング
木曜日	ディスカッション	作業療法	映画鑑賞
金曜日	ミーティング	芸術行動療法	アサーション訓練
土曜日	認知行動療法	筋トレ	リラクゼーション

社会復帰プログラムでは、何が原因で性犯罪をしてしまったのか、どのようなときに犯行に至りやすいのかなどの犯行サイクルを考え、グループ内で順番に発表して議論を重ねることで、自己分析を深めていく作業が行われている。この取り組みは、刑務所内で進められている認知行動療法的なアプローチとほぼ重なる。

榎本クリニックの特徴は、絵画を描いたり、ダンスや楽器演奏をしたり、筋トレをしたりすることで、体を使っての自己表現やストレス解消の仕方を学ばせることにある。「ソーラン節」を踊ったり、ボクシングや太鼓演奏をしたりもするのだ。

榎本クリニックでは、頭で理解する認知行動療法と合わせて、こうしたプログラムに参加することで、毎日を一人で〝孤独に〟過ごさないことにもつながると考えている。

治療費については、デイナイト・ケアの場合、保険適用で利用でき、場合によっては「自立支援医療制度」も利用可能である。仕事をしながら通院する場合、週3回の夜のセッション（7〜8時）は毎回1000円で参加できる。

「一つひとつのプログラムにも、もちろん意味はあります。しかし、それ以上に、プログラムに参加していれば、社会的に孤立しない、一人にならない、ということが重要です。性犯罪の再犯の多くは、社会的孤立が背景にあると私は考えているからです」

更生しようとしている性犯罪者が陥る〝日常の穴〟

「ある性犯罪者が言っていました。〝刑務所にいる間は、絶対に性犯罪は起きない。なぜかといえば、女性はいないし、毎日の生活が管理されているから。でも出所した後は、そういう規制が全てなくなるから、とても不安だ〟と。社会の中で自由に生きる彼らを、性犯罪に至りやすい環境から遠ざけることが大切です」

榎本クリニックが行うプログラムの大きな柱は、SAG（Sexual Addiction Group-meeting）と呼ばれる再発防止プログラムである。性犯罪をやめようと思ってもやめられない、という前提に立ち、それでは、なぜ性犯罪をしてしまうのか、自己分析を深めていくことで、そのリスクをマネジメントしていこうというのだ。

痴漢を例に、その内容を見てみよう。電車内での痴漢行為を重ねてきて、刑務所で服役。出所した男Jがいるとする。まず、「なりたい自分（回復した姿）」を具体的に描き出すことから始まる。Jは毎日の仕事をきちんとこなし、人間関係を充実させるなど、社会復帰した自分の姿をイメージした。

その上で、過去に彼はどのようなとき、どのような場所で犯行に及んだのかを具体的に振り返る。するとJは、自分が犯行に及ぶのは、意図的な部分もあるが、満員電車に乗ったときであることに気づいた。しかも犯行に及ぶときには、たいていはその前日、残業で遅くなったり、職場で上司に叱責されたり、同僚からばかにされたりという、ストレスを感じる状況に直面していることもわかってきた。

ここでは、犯行に至る「警告のサイン」を見つけることになる。それは人間関係で感じる「強いストレス」という心理的なサイン、そして「満員電車に乗る」という物理的なサインだ。そこから脱出するためにどうすればいいか。

Jがまず考えたのは、ストレスを別の方法で解消すること。スポーツや友達と遊ぶことなどが具体的な方法だった。

しかしミーティングの中では、「それができなかったから、犯行を重ねてしまったのではないか」という指摘が相次いだ。そして、「満員電車に乗らない」という、より具体的な対処方法にJは気づくことになる。

斉藤は、簡単に理解できる〝具体的な〟対処方法を見つけさせることが大事だという。ミーティングでは、すでに何度もプログラムを受けている「先輩」の性犯罪者からアドバイスをもらったり、クリニックの女性スタッフから忌憚《きたん》のない意見をもらったりしながら、こうした自己分析を何度も繰り返し、リスクの所在（ハイリスク状況）とそれへの対処方法を探っていく。

しかし、いくらプログラムを重ねても、「再犯はいとも簡単に起きてしまう」と斉藤は言う。

　たとえば、気分がむしゃくしゃしているときに満員電車に乗らない、と決めていたJの場合。人身事故や信号トラブルなどによって、いつもなら空いているはずの列車が混んでいることがある。普段なら満員電車には乗らず、次の列車を待つのだが、その日に限ってどうしても遅れてはならない約束があった。そこでJは満員電車に乗ってしまい、するつもりのなかった犯行に及んでしまう。

　望んでいなかったリスクの高い状況に思わず陥ってしまい、再犯をしてしまうのだ。

「満員電車に乗ること自体に大きな問題があるようには見えない。そのため〝まあ大丈夫だろう〟という一見重要視しない決定をするところから、思わぬ再犯は始まるのです。これを100％食い止めるのは難しいというのが現実です」

加害者家族にいかに協力してもらうか

　自分の息子が性犯罪者であることを知ったときの母親の衝撃は、想像を絶するものである。

　単に息子が犯罪者であるというだけでなく、卑劣にも女性を襲ったという事実は、母親にとっては容易に受け入れられるものではない。榎本クリニックの特徴は、こうした家族

(両親や妻)を巻き込んで、再犯防止に取り組んでいることだ。

父親の会は月に1回。母親の会は月に2回、妻の会は月1回開かれている。

1回の時間は90分で、まずなぜ性犯罪を繰り返すのか、「性依存症」という視点からの理解を深めるため、スタッフのレクチャーを受ける。さらに、他の家族とのミーティングも行われている。犯罪発生によって家族はどう変わったか、自分の育て方はどうだったか、今だから話せる悩みなど、様々な意見交換をすることで、家族の葛藤や苦しみをやわらげることも目指している。

初めて参加する家族のほとんどが、話をしながら涙を流すと斉藤は言う。それまで、誰にも話すことができなかった性犯罪加害者の家族としての心の内を打ち明け、他の家族と共有するのである。ミーティングが終わってクリニックを出た後も、しばらく近くの喫茶店などで過ごし、交流を深める家族も少なくないという。これをフェローシップと呼んでいる。

ミーティングで男性と女性の回を分けているのは、性別によって性犯罪についての考え方が違うためだ。

「父親のとらえ方は、〝男だから願望があるのは理解できるが、実際に行動してはいけない〟というのが典型的です。一方で、母親や妻の場合は、〝なぜ女性にそんなひどいことをするのか全く理解できない〟と言います。ベースの考えが全く違う人たちを一緒にしても、ミーティングはうまくまとまらないのです。一方で、診察は夫婦同伴で行います」

父親は性犯罪を許しているわけではないが、一定程度は「理解できなくもない」と言うのである。性別によるこの考え方の違いはとても大きい。しかも、グループで意見交換する場合、男性は女性たちがいる前で、性についての自分の意識や考え方をうまく説明することができず、発言が少なくなってしまうのだ。

だが、性犯罪に、家族にある何らかの問題が深くかかわっている場合には、こうした家族を含めた社会復帰のプログラムが必要である。そして斉藤が考えたのが、ジェンダーバイアス（性的偏見）に配慮し、男性と女性とでプログラムを分けるというものだった。

「父親は、本人の治療ということとしか考えない傾向があります。性犯罪は本人だけの問題だというのです。父親自身も変わらなければ、家族の問題は解決できず、本人の治療にもつながらないということをわかってもらうのが、とても大切なのです」

加害者本人と加害者家族との間にある「温度差」

性犯罪者とその家族とのやりとりをしていくなかで、斉藤は大きな葛藤を感じることがある。

家族は、身内の犯行にとまどい、再犯防止やまっとうな社会生活に戻ることを強く望んでいる。一方で、性犯罪の加害者本人は社会復帰を目指しながらも、どこかに甘えもあるように見える。家族と本人との間に「温度差」があるというのだ。

プログラムに参加した家族の声に耳を傾けると、様々な葛藤を抱えながら日々の生活を送っていることがわかる。

「きちんとした専門治療につながり、社会復帰できるか不安だ。一方で、刑務所にいてくれたほうが〝安心〟とすら思ったりする」

「朝起きてから寝るまで、ずっとびくびくしながら生活している」

「息子の帰宅時間が少しでも遅くなると、〝また逮捕されたのではないか〟と不安になる。電話の音を聞くと、警察からの電話を思い出し、心臓が止まりそうになる」

「夫婦生活がなかったから、夫は性犯罪を起こしたのではないかと自責感にさいなまれる。親類縁者からも白い目で見られている」

こうした苦しみの中で、本人の一日も早い治療を望んでいるのだ。

しかし、性犯罪者である本人たちに、家族に対して何を望んでいるか聞いたところ、少し意識のずれがあるのではないかと斉藤は感じるようになった。次に挙げるのが、本人たちの声である。

「もう少し自分を信用してもらいたい。いつまでも、過去のことを責めないで欲しい」

「以前と同じように接して欲しい」

「犯行に結びつきそうな〝警告のサイン〟が出ているときは指摘して欲しい。危なくなったら家に電話をするので、いつでも電話に出られるようにして欲しい」

榎本クリニックに通ってくる性犯罪者は、二度と犯罪を繰り返したくないと自ら望んでいる者ばかりである。自らの強い意志をもって取り組まなければならない社会復帰について、家族にも協力を求めるのは当然だとしても、それを超えた「甘え」があるのではないかと斉藤は感じている。

性犯罪者は、自分の犯罪によって（被害者はもちろんのこと）、自分の家族まで苦しめたにもかかわらず、その「現実」を本当の意味では理解していないのではないか。刑務所から出所した自分が、今何をすべきかわかっていないのではないか。

そのように斉藤が考えるようになったのは、性犯罪の被害者との交流があるからだ。被害に遭った女性と講演会や研究会で何度も顔を合わせ、話し合いを重ねてきた。その中で、ここに性犯罪者に対する社会復帰プログラムの難しさがあると気がついたという。

「被害に遭った人にとっては、性犯罪が〝病気〟なのかどうかは関係ありません。死ぬまで許されないのだということを背負いながら生きて欲しい、と思っているだけです。私は加害者や加害者家族へアプローチし再犯防止や社会復帰を支援していますが、そうした被害者の視点を忘れないように、ことあるごとに〝これを被害者が見たらどう感じるか〟と自問しています」

〝性犯罪日本一〟──大阪の取り組み①

平成24年10月、大阪府で「大阪府子どもを性犯罪から守る条例」と名づけられた条例が施行された。性犯罪に対する規制や、出所後の社会復帰支援を柱とするもので、全国的にも珍しい条例である。

この条例が制定された背景には、大阪で性犯罪が多いことがある。

条例が施行される直前の、平成23年の強姦と強制わいせつの認知件数を見てみる。

強姦　　全国……1185件
　　　　1位　東京178件　2位　大阪118件　3位　神奈川100件

強制わいせつ　全国……6870件
　　　　1位　大阪1251件　2位　東京837件　3位　福岡485件

あくまでも各都道府県の警察が認知した件数であって、性犯罪そのものの実態を表しているわけではないことに留意が必要である。ただ、それでも人口の多い大都市で多発している傾向があり、なかでも大阪の認知件数の多さが際立っている。

大阪は、長い間「ひったくり」の件数が多いことが再三報道などで取り上げられ、路上の犯罪に対する関心が高まっていた。そうしたなかで、この条例が制定・施行されたのである。

条例の柱となっているのが、18歳未満の子どもを対象に性犯罪をした者が、刑務所から出所した後の対応である。

その一つが、住所などの届出制度だ。刑期満了から5年以内に大阪府内に住む場合は、氏名、住所、性別、生年月日、連絡先などを届け出しなければならない。届け出しなかったり、虚偽の届け出をしたりした場合は、5万円以下の過料を払うことになる。自治体が性犯罪の前歴がある者の居場所を把握し、再犯のリスクを低減しようというものである。

この制度の課題は、届け出が出所者の自発的な申請に依存しているということだ。仮に大阪府に住んでいるある出所者が届け出なくても、大阪府側がその出所者が府内に住んでいることを確認する手立てはないのだ。刑務所から出所した後の情報は、一部法務省で把握されているが、そうした情報は大阪府には伝えられない。

結局、どこに住んでいるかは把握しきれず、大阪府が期待しているような効果は上げられないのではないか、という指摘も相次いでいる。

だが、必ずしも全員は把握できなくても、意味はあると思われる。

筆者が取材した一人の受刑者（現在服役中）は、「大阪でそういう取り組みをしてくれるのなら、出所後は大阪に住んで、そのプログラムを受けてみたい」と語っていた。彼がそう考えるようになったのは、次の節で触れる、大阪独自に開発した社会復帰支援のプログラムの存在があったからである。

〝性犯罪日本一〟――大阪の取り組み②

性犯罪者の社会復帰を支援する大阪府の取り組みには、大きく2つの柱がある。再犯を防ぐための「専門プログラム」、そして就職や福祉サービスなどとの連携を進める「社会生活サポート」だ。

前者の「専門プログラム」は、刑務所などで行われている認知行動療法を主軸に大阪府が独自に開発したものだ。担当するのは臨床心理士などの支援員。平成24年10月にスタートした時点で4人が任命された。

プログラムは、週に1回程度の面談がベースとなる。出所後の社会生活で抱える悩みなどの相談に乗りながら、性犯罪者に特有の〝認知のゆがみ〟を修正していく。1回の時間は90分程度とされている。

全部で49のステップがあり、大阪名所である通天閣をイメージさせる「通天49」という明るいイメージの名前がつけられている。

ステージⅠでは、どのような方向性で支援を行うか、本人と支援員の間で話し合いが行われる。支援を拒否される場合もあり得るが、その際は「人間関係の醸成を最優先に行う」とされている。

支援の方向性が決まると、ステージⅡに移る。ここでは「動機づけ面接法」と呼ばれる手法で、出所者のカウンセリングを行っていく。

動機づけ面接法は、世界的に広く知られたカウンセリングの手法で、5つのポイントがある。

・共感の表現……支援する側は、対象者を理解するよう努め、その中身を共有する
・矛盾の拡大……対象者の心の中にある矛盾（理想の自分と現実の自分とのギャップ）に気づかせる
・言い争いの回避……対象者を責めたり、非難したりしない
・抵抗を利用……対象者の「変わりたくない」という気持ちを受け入れる
・自己効力感……対象者の自己決定を尊重し、自信を醸成する

筆者が思うに、このうちの「矛盾の拡大」が大きな柱となっているのではないか。本人の中にある問題点に気づかせ、そこから内発的な動機（願望や価値観）を喚起させるとい

うのだ。上から頭ごなしに、「あなたはここが間違っている」と問題点を指摘するのではなく、会話の中で、「さっき自分が言ったことと矛盾しているな」と気づかせていくのである。

性犯罪で服役した者は、自らの中にある「犯罪」という矛盾に多かれ少なかれ気づいている。そこを突破口として、「監視」だけではないアプローチをしていこうというのが大阪府の独自の取り組みである。

この取り組みで再犯を減らすことができるのか。

プログラムの作成にかかわった大阪大学・藤岡淳子教授は、施行時の記者会見で、その難しさについてこう語った。

「報道の人たちは、再犯があるとすぐに〝ほら再犯が起きたじゃないか〟と批判する。でも、どんなに再犯防止に取り組んでも、再犯は起きるのが現実です。それを批判するのもいいが、たとえ少しであっても〝減った〟という面にも目を向けて欲しい」

本書を執筆している現在、プログラムのスタートから1年以上がたっている。

大阪府の新たな取り組みとなる再犯防止プログラムを、どれくらいの人が受けたのか、どれくらいの効果があったのか、個人情報の保護という観点から明らかにされていない。

性犯罪者の大半は、刑務所から出所し、社会へと戻ってくる。彼らとどう向き合っていけばよいのか。大阪府の取り組みは重い問いかけを投げかけている。

10件以上もの性犯罪を重ねてきたA受刑者は、一つの犯行を遂行し次の犯行へと向かっていく過程で、自分が〝スキルアップ〟しているような「充足感」を感じていたことについて、『ノルウェイの森』（村上春樹）の中のセリフを引用してきた（「はじめに」）。

実は同書では、主人公とのやりとりに続きがある。まず、ナンパ好きの友人はこう言う。

「そういう可能性が目の前に転がっていて、それをみすみすやりすごせるか？　自分に能力があって、その能力を発揮できる場があって、お前は黙って通りすぎるかい？」

A受刑者の表現を借りれば、性犯罪は「成功できると思ったから実行に移したのだが、何が悪いのか？」というのだ。ナンパ好きの友人からそう尋ねられた主人公の大学生ワタナベは、笑いながら次のように答える。

「そういう立場に立ったことがないから僕にはよくわかりませんね。どういうものだか見当もつかないな」

ここまで読んでいただいた読者の多くも、性犯罪者について、まだそういう心境かもしれない。性犯罪者の心理はよくわからない、と。だが、『ノルウェイの森』では、「よくわからない」という主人公に対して、ナンパ好きの友人が、さらにこう答えている。

「ある意味幸せなんだよ、それ」

自分のような人間の心理など、理解できないのが普通だというのだ。性犯罪者のことを理解できないのは、確かに「幸せ」である。このセリフを参考にしながら、筆者はA受刑者にさらに質問をした。「あなたの言っていることは、どれくらい理解してもらえると思うか」と。すると、こんな答えが返ってきた。

「『ノルウェイの森』は、近代社会における性の問題としての危機が、サブテーマとして伏線になっている部分も見受けられます。性の問題を抱える友人というキャラクターが、一つの典型的な問題であることを際立たせるために、主人公と対比させたのではないかと、私は考えました」

引用したやりとりは、性犯罪が、現代社会の「一つの典型的な問題」であることを際立たせるためのものだというのである。A受刑者は、性犯罪者が単なる「例外」として扱われがちであることに敏感になっている。「例外」ではあっても、それは現代社会がはらむ「一つの典型的な問題」だというのだ。

おそらく性犯罪者になってしまったA受刑者は、自分がその陥穽《かんせい》に落ち込んでしまったことにおののいているのだろう。なぜ自分がこんな犯罪をすることになってしまったのか、と。それほど、性犯罪者とそうでない人たちは紙一重だということを、A受刑者は言いたかったのではないか。

＊

性犯罪者については、本書で全てが解明されたわけではない。

加害者の行動や思考を書きながら、被害者のことが脳裏をよぎり、いたたまれない気持ちになることが何度もあった。

だが、次の一文を思い起こしながら、何とかここまで辿り着くことができた。

「判決文という語り narrative の成立に向かって、すべてが動いているように感じた。人間の行為の動機は、犯罪であれ、恋愛であれ、職業選択であれ、根底の根底までゆけば言葉にならないものであろう。それを言葉にして、一つの語りとして、被告の人生の語りに統合させるのが判決文である」

これは、精神科医・中井《なかい》久夫《ひさお》の『徴候・記憶・外傷』（みすず書房）の中の一文を、保坂和《ほさかかず》志《し》の著書から孫引きした文章である。性犯罪者の実態の解明にどこまで迫れたか、読者の判断にゆだねるしかないが、語り得ぬものを語ろうと試みることに、何がしかの価値があるのではないかと信じている。ここまで本書を読みすすめてくれた読者に、少しでも得るものがあったとすれば、筆者としては望外の喜びである。

＊

本書は、2012年9月末に放送した、「かんさい熱視線」『性犯罪〝犯行サイクル〟を断て』の放送内容に、大幅に加筆・修正をしたものである。番組の放送は、関西地区のみだったが、放送のタイミングは本書でも言及をした大阪府の全国初の条例が施行されるのに合わせたものだったため、少なからぬ反応をいただいた。

番組制作では、岡部陽カメラマン、戸井敦郎音声・照明マンから、ときには「彼らの言っていることが全く理解できないんですけど」といった率直な意見をもらいながらロケや取材を重ね、放送に辿り着くことができた。その他、スタッフ、関係者の皆様に、この場を借りて厚く御礼を申し上げたい。

なお、性犯罪の加害者・被害者について言及した部分には、個人が特定できないように、事実関係を一部修正・加工などしている箇所があることをご理解いただきたい。また、過去の文献などからの引用については、文責は全て筆者個人にある。

著者略歴

鈴木伸元《すずきのぶもと》

一九九六年東京大学教養学部卒業。
同年NHK入局。報道番組ディレクター。
「NHKスペシャル」「クローズアップ現代」などを担当。
ギャラクシー賞の奨励賞を二度受賞。
著書に『新聞消滅大国アメリカ』『加害者家族』（ともに幻冬舎新書）、
『生活保護3兆円の衝撃』（共著／宝島SUGOI文庫）がある。